# 発達障害のウソ

専



、マスコミの罪を問う

米田倫康
Noriyasu Yoneda

# はじめに――発達障害はまだほとんど解明されていない

発達障害はもはやブームを超えてバブルとなっています。本屋に足を運ぶと、発達障害という主題の本だけで一角を占めるほど無数の関連本が出版されています。発信者の責任の所在があいまいなインターネットの世界はさらに雑多な情報で溢れています。「意見」と「事実」が混同された情報、真偽の怪しい情報も多く、混乱も広がっています。

通常、何かの主題について学ぶ際には、その道の権威となる専門家から情報を得るのが鉄則です。ところが、発達障害という主題に限ってはその鉄則が通用しません。専門家が明らかに誤ったことを述べていることもしばしばだからです。実際のところは、**発達障害について本当に解明されていることなどほとんどありません**。

誠実で有能な専門家は、その事実を認め、自分たちにできることとの限界も危うさも理解した上で人々に接します。一方、「単なる仮説」や「個人の見解」を科学的に証明された事実であるかのように情報発信し、自分の権威を誇示するような専門家もいます。マスコミはわかりやすさを求めるために後者のような専門家を重宝しがちで、そのため厳密には正しくない情報が広がってしまっています。

実際には専門家ですらほとんどわかっていないのに、一般市民に対し「発達障害に正しい理解を！」と求めるのも酷な話です。発達障害について、原因や発症メカニズムはほとんど解明されておらず、明確な線引きもできず、客観的な基準も診断手法も存在しないという現状では、その「正しさ」とはしばしば科学的なものではなく、情報の発信者にとっての正しさに過ぎません。

この手の「正しい」理解を世間に広げるような啓発本や専門書がほとんどを占めるなか、本書はまったく異なる視点と立場で発達障害という主題を取り上げます。その概念そのものや診断、治療に疑義を唱える内容であるため、読者の皆様の中には、「否定された」と感じる方もいらっしゃるかもしれません。

当然、本書の内容も、同様に私の立場からの正しさに過ぎないことも付け加えておきます。「発達障害の診断によって救われた」と感じている人は多いでしょう。「薬のおかげで何とか生活ができている」と強く実感している人も多いでしょう。そのような立場の方からすると、本書は正しくない、あるいは一方的な正しさの押し付けだと感じるかもしれません。

私はひたすら自分の正しさを主張したいわけでもなく、それに同意できない人々や反論する人々を否定し、打ち負かしたいわけでもありません。当事者にしかわからない状況や心情がある以上、たとえ私の考え方と異なったとしても、それぞれの立場からのご意見を尊重します。

私は医師ではありませんし、発達障害に関連した専門的な資格を持っているわけでもありません。しかし、発達障害をめぐる不当な診断や治療から身を守るという点において、他では得られない有益な情報を語ることができます。発達障害を取り扱う精神医療現場では、単なる人権侵害にとどまらないさまざまな犯罪が生じ、被害が隠されています。数多くの被害者に接し、実際にいくつもの犯罪を暴き摘発に導いてきた経験を生かし、具体的な情報を本書に詰め込んでいます。

発達障害に関する理解が広がったように見える一方、その診断や治療、それに伴った支援をめぐり、さまざまな被害や悲劇があちこちで起きています。ただ、それが「被害」であると認識すらされていないため、それを食い止めようとする動きが起きる気配はほぼありません。現在の発達障害者支援やマスコミを通した啓発キャンペーンは、そのような被害が考慮されておらず、むしろそれを促進する方向にひたすら突き進んでいます。

情報を知るだけでも、より適切な判断ができ、被害や悲劇を回避することができます。私にできるのは、一般に知られていない情報や状況について皆様に伝えることです。

世の中、自分で考えることができなくなってしまう人が増えました。何らかの「権威」を信じ、ただそれに従うだけであれば、自分の責任や決断はなくなり、自分で考えなくても済むようになってしまいます。しかし、被害は常にそのような姿勢から生じていると言っても過言ではありません。

私は皆様の代わりに判断してあげるようなことはできませんが、判断に必要な情報と視点を提供することはできます。「発達障害のウソ」と挑発的なタイトルではありますが、「そっちはウソだから信じるな！　こっちを信じろ！」という姿勢の内容ではありません。何が事実で何がウソなのかの判断は読者の皆様に委ねます。お読みになった上で結論が私の主張と異なったとしても、それは尊重いたしますし、耳を傾けていただいたことに感謝いたします。本書の内容を妄信するのではなく、ぜひご自身で確かめ、判断の材料として活用していただきたいと願っています。

**米田倫康**

目次

第一章

# 発達障害とは何か？

## **最初に知っておくべきこと**

発達障害という本題に入る前に、最初に皆様に理解していただきたいことがあります。それは多くの人々にとってショッキングなことかもしれません。なぜならば、一般に常識だとして信じられていることと食い違ってくるからです。「常識と思われていたものが幻想に過ぎなかった」と理解することが本書のスタートとなります。

皆様も**「専門家の診断は正しいはず」**と思い込んではいないでしょうか。確かに、素人よりも専門家の診断の方が正しいと思うのは当然でしょう。しかし、発達障害や精神障害という精神科領域に限ってはそうとは言えません。なぜならば**絶対的に、あるいは客観的に正しい診断というものがそもそも存在しない世界**だからです。

後ほど詳しく説明しますが、精神科領域における診断について、専門家ができることは「そうだと思う」「その可能性が高い」というレベルの見解を示せる程度です。参考にはなりますが、あくまで一つの「意見」にしか過ぎません。「確定診断」という言葉はありますが、本当の意味で診断を「確定」することなど現時点では不可能です。もしかしたら将来的に可能になるかもしれませんが、強調したいのは**現時点では不可能**という事実です。

それを示唆するようなわかりやすい実例から見ていきましょう。たとえば、誰もが知っている事件を取り上げてみます。２０１６年７月26日に障害者施設を襲撃して19人を殺害したとされる男は、事件を起こす前に北里大学東病院に措置入院（強制入院の一種で自分や他人を傷つける恐れのある人が対象となる）させられていました。さて、それに関わった精神科医たちは彼のことを何と診断したのでしょうか。その結果を次に示します。

○精神科医A（緊急措置入院を指示した指定医※）――診断「躁病」
○精神科医B（措置入院のための診察をした指定医①）
――診断「大麻精神病」「非社会性パーソナリティー障害」
○精神科医C（措置入院のための診察をした指定医②）
――診断「妄想性障害」「薬物性精神病性障害」
○精神科医D（退院後通院してきた男を診察した医師）
――診断「抑うつ状態」「躁うつ病の疑い」
※精神保健指定医のこと。強制入院、身体拘束、隔離を指示できる特別な権限を持つ。

驚いたことに、同一対象であるにもかかわらず全員が**全員見事に異なる診断を下している**ことがわかります。四人が合計で七つもの異なる診断名をつけてしまっていたのです。さらに言及すると、事件後に検察、弁護人、裁判所のそれぞれの依頼で精神鑑定した結果もバラバラでした。

実は、このような現象は精神科領域において決して珍しくはありません。複数の精神科にかかり、まったく同じ症状を訴えたのに、異なる診断を下されたという経験のある人はいくらでもいます。同じ精神科医にかかりながら、何の根拠も示されないまま診断名がコロコロと変わる経験をした人も数えきれないほど存在します。

つまり、この状況は**精神医療が「科学的」ではない**ことを端的に示しています。もしも精神科診断が立派な科学であるなら、同一対象について等しく同じ結果が導かれるはずだからです。

精神障害と発達障害は違うからこの話は参考にならない、と思われたかもしれません。しかし、**発達障害は精神障害（あるいは精神および行動の障害）というカテゴリーの中に位置付けられており**、その診断基準も診断手法も同じものが使われています。

ここでは、このような精神科の診断について良いとも悪いとも評価しません。科学的でないことがすなわち悪というわけでもありません。あくまで**精神科の診断とはそういうものだ**という事実をまず知っていただきたいだけです。

たとえば天気予報について、その信頼性が四人の気象予報士がいたら四人ともまったく違う答えを出す程度だとしたらいかがでしょうか。人々は、天気予報とは所詮そういうものだと思い、朝の情報番組の星座占いのように、あくまでも参考にする程度で、本気で信じることはないでしょう。少なくとも、そんな天気予報をもとに、翌日の首都圏の列車すべての運行中止を決定したりするようなことにはならないはずです。

しかし、このような起こり得ないことが起きてしまっているのが精神科領域です。精神科診断がその程度のものだという合意の中で、そのレベルに応じた現実的な医療や福祉、さまざまな支援制度が展開されているのであれば問題ないはずでした。ところが、なぜか「専門家の診断は正しいはず」という、現実とかけ離れた前提の下で今やさまざまな制度ができあがっているのです。

これこそ、発達障害をめぐってさまざまな矛盾や混乱が生じている根本的な原因なのです。

## 空前の「発達障害ブーム」

今、発達障害は「ブーム」となっています。インフルエンザなどの感染症が流行するのなら理解できますが、そうではない病気や障害が流行するというのはどういうことでしょうか。確かに、発達障害という言葉はより身近になっているという感覚はあります。その感覚を裏付ける事実をまずは見ていきましょう。

**図1〜4**をご覧ください。**図1**は国公私立の小・中・高等学校において、障害のある児童

## 図1　通級による指導を受けている児童生徒数の推移
（障害種別／小・中・高等学校計）

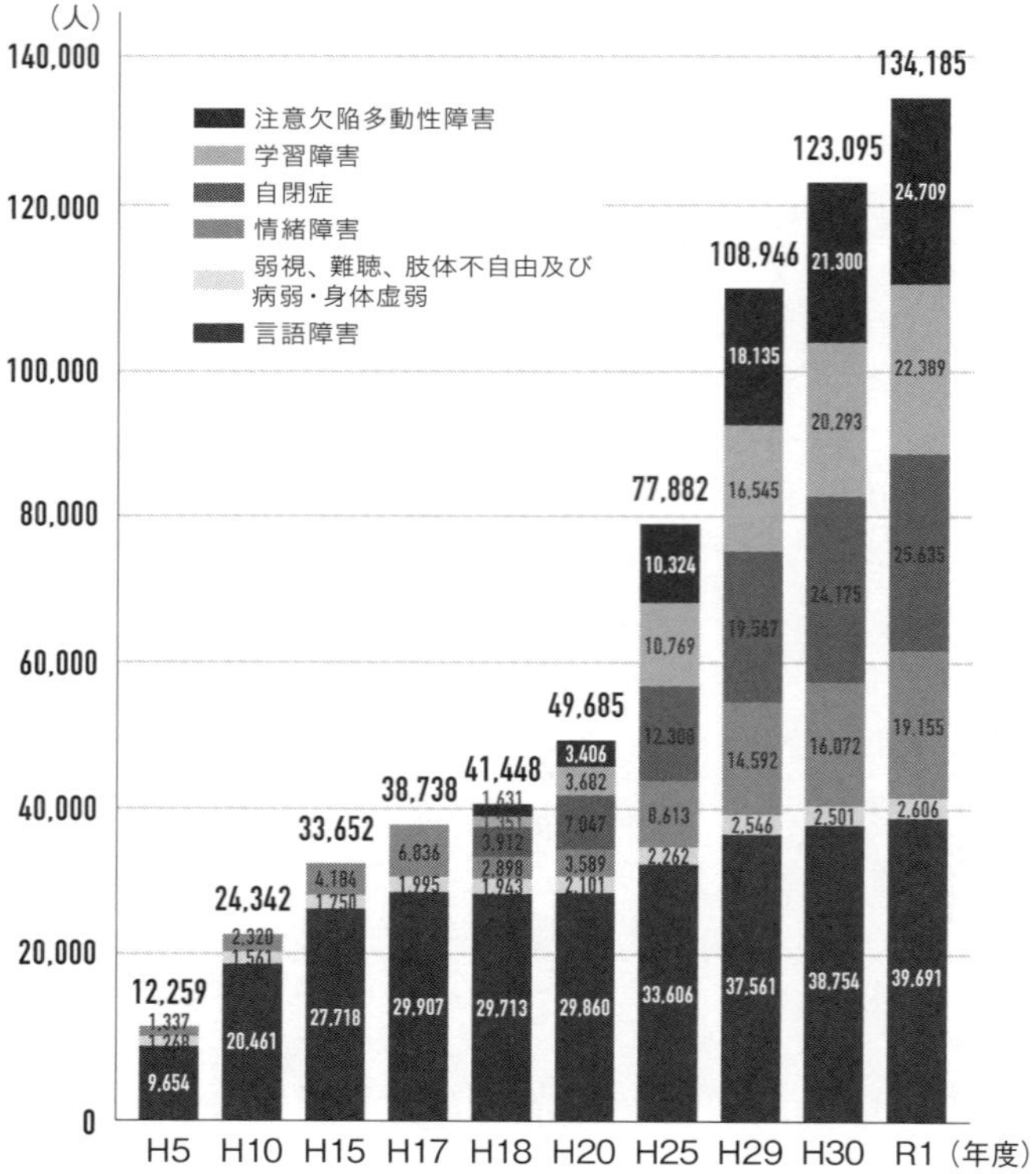


※「注意欠陥多動性障害」及び「学習障害」は、平成18年度から通級による指導の対象として学校教育法施行規則に規定し、併せて「自閉症」も平成18年度から対象として明示（平成17年度以前は主に「情緒障害」の通級による指導の対象として対応）。
※平成30年度から国立・私立学校を含めて調査。
※高等学校は通級による指導開始の平成30年度から計上。
［文部科学省「令和元年度 通級による指導実施状況調査結果について」］

生徒のうち、通級による指導を受けている児童生徒数の推移です。「通級による指導」とは、通常学級に在籍している軽度の障害のある児童生徒に対して、主に通常の学級で指導を行う形態のことで、学校教育法で定められています。

図を見ると、通級による指導を受けている児童生徒数は令和元年度には約13万４０００人と、前年度に比べて約１万１０００人増加しています。また障害種別では、言語障害が約４万人、自閉症が約２万５０００人、情緒障害が約２万人、学習障害が約２万２０００人、注意欠陥多動性障害（ＡＤＨＤ）が約２万５０００人となっています。

**図2**は、20歳未満の精神疾患総患者数の推移です。発達障害は「その他の精神及び行動の障害」に含まれていますが、その数は平成29年には17万８０００人と年々増加しています。

**図3**は、全年齢を対象にした精神疾患を有する外来患者数の推移です。発達障害は同じく「その他の精神及び行動の障害」に含まれていますが、その数は平成29年には31万４０００人と、こちらも年々増加しています。

そして、**図4**ですが、これは抗ＡＤＨＤ薬であるストラテラとインチュニブの売上の推移ですが、こちらも年々増加しています。前者は２９１億円（２０１８年度）と、10年間で約50倍も拡大しています。２０１８年末にジェネリック医薬品が登場したために、２０１９年度では日本イーライリリー社のストラテラは大きく売上を落としていますが、一方、目覚ま

## 図２　20歳未満の精神疾患総患者数（疾病別内訳）

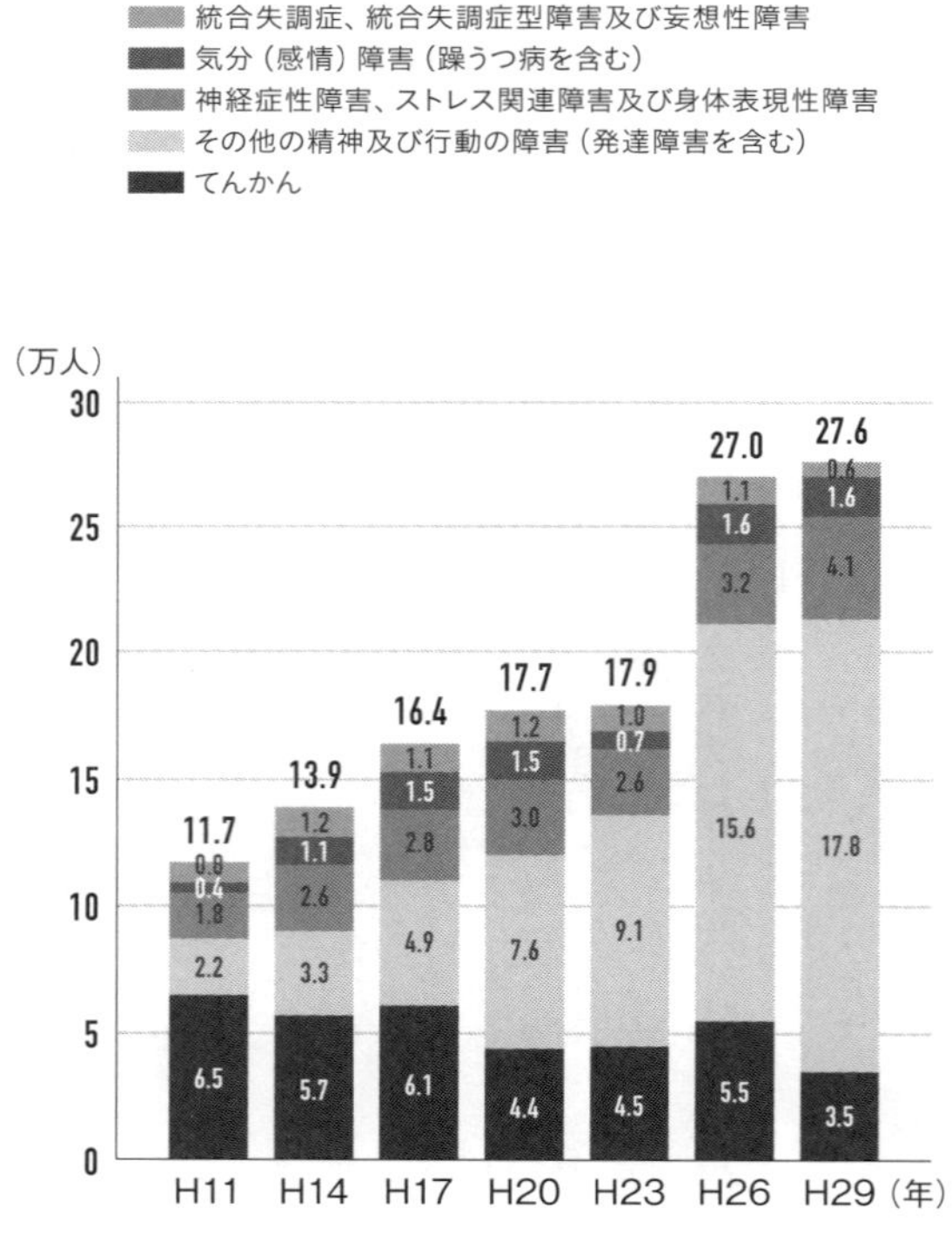


※ H23年の調査は宮城県の一部と福島県を除く。
［厚生労働省「患者調査」より厚生労働省障害保健福祉部作成］

## 図3　精神疾患を有する外来患者数の推移（疾患別内訳）

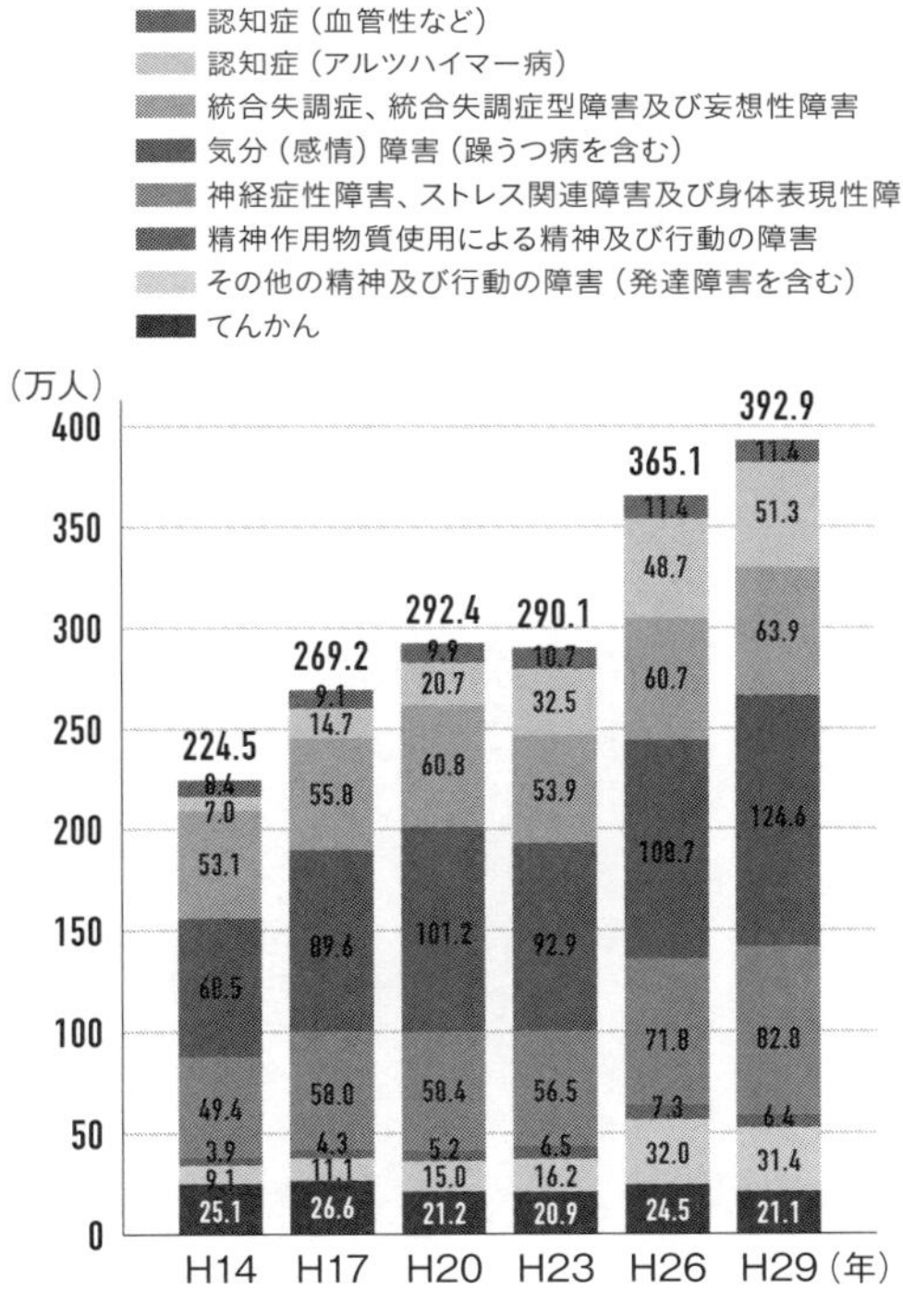


※ H23 年の調査は宮城県の一部と福島県を除く。
［厚生労働省「患者調査」より作成］

しい伸びを見せているのが塩野義製薬のインチュニブです。2017年度に登場し、わずか2年で5倍以上に販売額を増やしています。

これら**図1〜4**が示すように発達障害に関連した統計はいずれも右肩上がりです。しかも、すべて尋常ではない急増ぶりです。どうやら、ブームであることは疑いないようです。また、**図5**は0〜19歳における年齢別の医療機関受診理由ですが、5歳以上では上位に発達障害（「その他の精神及び行動の障害」）が位置付けられるようになっています。

専門家に言わせると、この急増は不自然なものではないようです。発達障害の存在が知られるようになり、発達障害を抱えながらも認識されていなかった人々が受診して診断された結果に過ぎないようです。

しかし、はたしてそれは真実でしょうか。

## NHK「発達障害キャンペーン」への違和感

今や「発達障害」という言葉を聞いたことがない人は、ほぼいないでしょう。発達障害とされる有名人がしばしば取り上げられ、発達障害に関する啓発番組、啓発記事もあふれています。たとえば、NHKは「発達障害キャンペーン」と称して局を挙げた制作体制を組み、朝から晩まで発達障害に関する番組を放映しています。その他、新聞もテレビも雑誌もイン

**図4　抗ADHD薬ストラテラおよびインチュニブの売上**

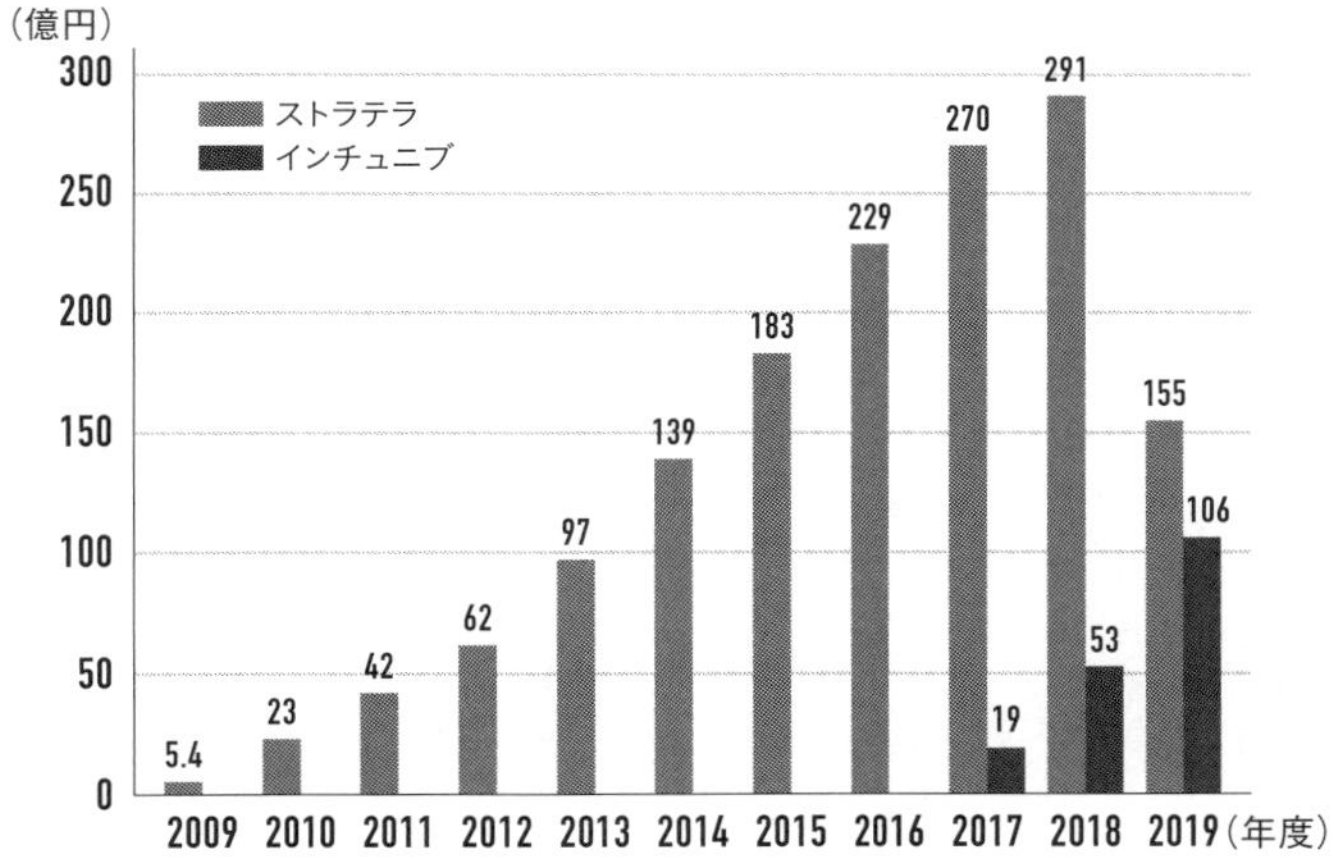


※ストラテラの売上は日本イーライリリー社プレスリリースより抜粋。
※インチュニブの売上は塩野義製薬プレスリリースより抜粋。

ターネットも出版業界も一斉になって似たようなキャンペーンを展開しています。

行政機関も専門家を招き、学校教員や保育士、保健師、親、一般市民らを対象に研修や講演などを次々と展開しています。なかには製薬会社とタイアップして啓発運動を展開する自治体まで出てきています。これらのメッセージはすべて共通しています。それは「発達障害への正しい理解を」というものです。

確かに、この手の啓発運動は、共生社会の原点である多様性への理解をもたらすために一定の役割を果たしているかもしれません。「普通」

## 図5　0〜19歳における年齢ごとの受診理由

| 年齢 | 0歳 | 1〜4歳 | 5〜9歳 | 10〜14歳 | 15〜19歳 |
|---|---|---|---|---|---|
| 最多人数（万人） | 予防接種 12.4 | 喘息 20.7 | 喘息 15.0 | アレルギー性鼻炎 8.1 | ざ瘡（アクネ） 4.8 |
| 2番目 | 乳幼児の検査・健診・管理 4.0 | 予防接種 14.3 | アレルギー性鼻炎 10.6 | その他の保健サービス 8.0 | その他の保健サービス 4.7 |
| 3番目 | その他の皮膚炎及び湿疹 2.2 | 急性気管支炎 11.3 | 皮膚及び粘膜の病変を伴うその他のウイルス性疾患 6.8 | 喘息 5.5 | 屈折及び調節の障害（眼） 3.7 |
| 4番目 | アトピー性皮膚炎 2.1 | その他の急性上気道感染症 7.2 | その他の精神及び行動の障害 6.6 | その他の精神及び行動の障害 5.4 | その他の精神及び行動の障害 3.4 |
| 5番目 | 急性気管支炎 2.1 | アトピー性皮膚炎 6.8 | その他の保健サービス 6.5 | 皮膚及び粘膜の病変を伴うその他のウイルス性疾患 4.4 | アレルギー性鼻炎 3.2 |
| 6番目 | その他の急性上気道感染症 2.0 | 急性咽頭炎及び急性扁桃炎 5.6 | アトピー性皮膚炎 4.9 | その他の四肢の骨折 4.0 | アトピー性皮膚炎 2.8 |
| 7番目 | その他の皮膚及び皮下組織の疾患 1.9 | アレルギー性鼻炎 5.5 | 予防接種 4.8 | 屈折及び調節の障害（眼） 3.3 | 神経症性障害、ストレス関連障害及び身体表現性障害 2.5 |

※傷病小分類のうち、上位の傷病などを抜粋（歯科の傷病は除く）
※「その他の精神及び行動の障害」に発達障害が含まれる。
［厚生労働省「平成29年度患者調査」］

とは違う特性を持つ人々の存在が広く知られるようになったからです。

では、発達障害についての「正しい理解」は広がっているのでしょうか。いえ、むしろ逆に発達障害という言葉や表面的なイメージだけが広がることで、その概念が拡大され、ねじ曲げられている様子も観察されています。空気を読まない人やちょっと変わった子を指すという程度の認識で発達障害という言葉を多用する人もいます。自分の理解の許容範囲を超えた人をすべて発達障害と扱うような人もいます。正当化のための免罪符として発達障害を持ち出す人もいます。さらには、生きづらさの原因をすべて発達障害のせいにする人もいます。

これは単に啓発が行き届いていないことから生じる問題でしょうか。啓発キャンペーンを強化することで解決する問題でしょうか。むしろ、このような風潮こそが、理解と支援を広げる目的から大きく外れ、**差別と排除と混乱を逆に生み出している**のではないでしょうか。そもそも「正しい理解」の「正しさ」とはどこに保証があるのでしょうか。

数ある発達障害本の中でもわざわざこの書籍を手に取った読者の皆様は、おそらくこの手の啓発キャンペーンやそれが作り出す発達障害ブームについて何らかの違和感を覚えていることでしょう。今からその違和感の正体を解明していきます。

## ADHD、ASD、LDとは

本書を読み進めていただくにあたり、まず最初に、これから先よく出てくる障害名の説明をしておきます。「発達障害」とは複数の障害の総称ですが、よくある発達障害キャンペーン記事や番組では、主に次の三つの障害が基本的なものとして紹介されます。ここでは、あえてごく表面的な解説にとどめておきます。

○ADHD（注意欠陥多動性障害／注意欠如・多動症）
……日常生活に困るほど不注意が目立ったり、多動や衝動性が目立ったりする障害。
○ASD（自閉症スペクトラム障害／自閉スペクトラム症）
……コミュニケーションに困難を抱え、こだわりが強いという特徴のある障害。
○LD（学習障害／限局性学習症）
……「読む」「書く」「計算する」などの特定の分野の学習のみに極端な困難を抱える。

後述しますが、実は障害の分類には二つの異なる国際的な基準が存在し、分類の仕方や呼称に微妙な違いがあります。さらにはどちらの基準も改訂を重ねるごとに分類や呼称に変更が加えられています。そのため障害の呼称にはバラつきがあります。本書ではそれに混乱させられないよう、引用部以外での本文中の表記を基本ＡＤＨＤ、ＡＳＤ、ＬＤに統一します。

## 「発達障害」という概念に潜む二つの罠

発達障害に関する書籍や報道には必ず、**「発達障害とは何か？」**と説明する箇所があります。当然、発達障害について語るのであれば、その初歩的にして根源的な疑問について最初に説明しなければならないからです。

ところが、どんな本を読んでも、どんな論文を読んでも、これに対するすっきりとした答えを得ることはできないでしょう。むしろ、発達障害について知ろうとすればするほど、もっとわからないことが多くなってしまうことでしょう。

それは当然のことです。なぜならば、現時点において誰も「発達障害とは何か？」という問いに対する明確な答えを持っていないからです。その手の本を読めば「〜と言われている」「〜と考えられている」というはっきりしない表現がいかに多いかわかるでしょう。「発達障害」という概念は不安定で変遷を続けており、まだ実証されていない仮説でほぼ成り立っているといっても過言ではありません。

とはいえ、なぜそこまで人々が「発達障害」という概念をめぐって振り回され、対立するのでしょうか。私は今までこの領域をずっと観察し続けてきましたが、主に**二つの罠**がそれを引き起こしていることに気付きました。一つ目の罠は我々が使っている言葉に潜み、二つ目の罠は権威や専門家の言葉にちりばめられています。いずれも、よほど注意しておかないと気付くことができない落とし穴となっているので、私はそれを「罠」と表現しています。

発達障害とは何かを理解するためには、この罠を見破らなければなりません。特に、一つ目の罠はスタート地点に設置されているため、多くの人がそれに気付かず、最初から混乱の落とし穴へとはまり込んでいるのです。

## 第一の罠：「障害」という言葉

第一の罠とは「障害」という言葉そのものです。言葉というのは便利ですが、その言葉に対する概念が統一されていない場合、大きな混乱を引き起こします。特に、その分野の中心となる基本的な言葉について、定義や解釈がバラバラであった場合、その混乱は分野全体に広がります。

ところで、英語が母国語ではない我々日本人は、医学用語などを一つ一つ日本語に翻訳して使うようにしています。その過程で、本来正しくない訳語が定着してしまったり、区別すべき別々の概念が同じ訳語として使われてしまったりという不都合が生じることはよくあることです。しかしそれは時に大きな悲劇となります。

障害、障害物、聴覚障害、身体障害、身体障害者、発達障害、脳機能障害……これらの言葉にはすべて「障害」という単語が使われていますが、それぞれが意味する内容はすべて異なっています。対応する英語に置き換えると、前から順番に obstacle, impairment, disability, disorder, dysfunction と、すべて異なる単語になるのです。

医学や障害学の専門家にとっては、これらの言葉の意味を区別することなど初歩的なことかもしれません。しかし、一般の市民はこんな区別など知りません。書籍や報道、行政機関の刊行物などでしばしば「障害」という言葉に出くわしますが、実はその概念に違いがあり、それぞれが別の意味で使われているなどと意識することなどないでしょう。

それぞれの日本語の「障害」という言葉に対応する英単語とその意味を簡単に説明すると次の通りです。

○**障害**物　【obstacle】妨げや邪魔となるもの。

○聴覚**障害**　【impairment】欠損や損傷などによって身体的な機能が失われている状態。（例：事故で両脚を切断した状態）

○身体**障害**者　【disability】impairment の結果、物事を遂行するための能力が欠けている状態。（例：両脚切断の結果歩行できない状態）

○発達**障害**【disorder】変調や秩序の乱れ、正常な状態から外れていること。
○脳機能**障害**【dysfunction】機能不全のこと。
※障害に関するさらに発展した概念やそれに対応する言葉もあるが、ここでは割愛する。
※impairment と dysfunction はどちらも「機能障害」と訳すこともあるが、dysfunction は欠損や損傷による機能喪失に限定せずうまく働かない状態を幅広く表す。

ここで私が最も罪深いと感じるのは、disorder を「障害」という訳語に当てはめてしまったことです。もちろんその時代背景や使われてきた歴史なども考慮する必要があるので、導入した人だけを責めるつもりはありません。問題は、disorder を「障害」と訳したことにより、明らかに誤解や不都合が生じているのに、いまだそのままになっていることです。

一般的に「障害」という言葉から連想されやすいのは、車椅子や義足などを使う「身体障害者」のイメージでしょう。そこでは、先天的にあるいは事故や病気によって特定の身体機能が失われ、補助器具や環境調整で社会参加は可能ではあるものの、身体機能自体は一生回復しないというイメージが伴います。これは impairment とその結果としての disability のことです。

一方、「精神障害」や「発達障害」という言葉に使われている「障害」の意味する disorder

はそれとはまったく**異なる概念**です。それらを混同すると、**発達障害は一生改善不能だという誤ったイメージが作られる**ことになります。

## 障害（disorder）は疾患（disease）ではない

さて、impairment および disability と disorder は違うとわかったところで、disorder とは何かを理解するためには、混同されやすい別の言葉と区別する必要があります。特に重要なのは disorder とは、「病気の原因とメカニズムを明らかにすることを目的とする学問」である病理学上の「病気」、つまり「疾患（disease）」とは違うのかということです。

ちなみに、「病気」という言葉は「疾患」とほぼ同じ意味で使われますが、さらに広い範囲の意味でも使われるので、これから先は、あえて「病気」という言葉を使いつつも意味としては「疾患」という意図を込めて「病気（疾患）」という表現を使っていきます。

結論から言うと **disorder は病気（疾患）ではありません**。意外と思われるかもしれませんが、21世紀に入ってしばらく経った現在でも、**発達障害を含む精神障害について、一つとして原因や発症メカニズムが解明されたことはなく、病気（疾患）だと認められたものはありません。**

「いや、でも『精神疾患』とか『うつ病』などと表現することもあるじゃないか」と思われるかもしれませんが、それは単に便宜上そう呼んでいるだけです。決して病気（疾患）として存在が認められたわけではありません。

病理学的に見ると、精神医学はその歴史の始まりから全敗続きでした。そこで、原因を突き止めて診断するという本来の手法をあきらめ、特徴的な症状から病気を分類し、チェックリスト式に症状が一定数以上該当すればその分類に当てはめる（＝診断を下す）という裏技的な手法に切り替えてきました。この手法を**「操作的診断」**と呼び、導入された１９８０年以降、精神医療現場では主流となってきています。

このように分類された「単位」はとても病気（疾患）と呼べるものではなく、分類の方法も線引きも完全に人為的であって客観性に乏しいものですが、それぞれの「単位」に「病名」（正式には「病名」とは呼ばず「診断名」と呼ぶ）がつけられました。その名称の多くが「～disorder」となっており、総称もmental disease（精神疾患）ではなくmental disorder（精神障害）に統一されるようになりました。やはり正式な病気（疾患）として認められていない以上、diseaseとするのは重大な問題があったのです。

disorderという言葉はorder（秩序）という言葉に、「否定」や「離れて」を意味するdisを頭につけることで、「秩序から外れている」「正常な状態から外れている」という意味を持ちます。変調という意味であり、病気（疾患）よりも軽い失調状態を表しています。身体上の異常というよりも行動上の異常という意味合いが強いのも特徴です。何かが欠損や損傷して回復不能というものではなく回復が可能であるというニュアンスもあります。

最後に、**医学的視点と福祉的視点の違い**も説明しておきます。医学上の「発達障害」はdisorderであり、人を患者として捉える場合はそのままdisorderという意味ですが、**福祉の対象として捉える場合にはdisabilityを意味する**ことになります。発達障害を抱えた結果、特定のことを遂行する能力が欠けているとみなすからです。「発達障害者」という言葉はそういう意味で注意が必要です。**発達障害の患者というdisorder**と、**発達障害者支援の対象者というdisability**と、文脈で見分けないといけないからです。

さて、「発達障害」の「障害」の本当の意味を理解するためにここまで長くかかってしまいました。何の予備知識もない人にもわかるようにできるだけ簡潔にまとめようと努力しましたが、それでも専門用語を多く使わざるを得なかったので、初見の方は大変だったと思います。しかし、こういった知識を得ることによって、第一の罠を回避することができるようになります。

## 第二の罠：事実と意見の混同

第一の罠をクリアしても、次の罠が控えています。第二の罠とは、**「事実と意見の混同」**

です。気を付けなければならないのは、**公的機関や専門家などの「権威」から発信された、「事実」に見せかけた「意見」**です。

この罠に気付くのは困難です。なぜならば、公的機関や専門家が誤ったことを言っているとは通常考えにくいからです。教科書に書かれてあることや教師が言うことは正しいと教育されてきた我々は、「権威」の言うことを何でも鵜呑みにするという思考からまずは脱却する必要があります。

第二の罠は、特に精神障害や発達障害を取り扱う精神科領域で顕著に見られます。なぜならば、これから本書で詳しく述べるように、この分野はまだほとんど解明されておらず、ほとんどが仮説によって成り立っている世界なのですが、「仮説」があたかも「事実」として取り扱われることがしばしばだからです。

仮説を立てること自体にまったく問題はありません。むしろ科学として不可欠なステップです。そして仮説自体も仮説として取り扱われる限り問題ではありません。その仮説は誤っているかもしれませんし、将来「事実」として立証されるかもしれません。しかし、立証されるまでは単なる「意見」に過ぎないのです。

かといって何に対しても懐疑的になれというわけでもありません。信じるわけでも疑うわけでもなく、疑問に感じたものや納得いかないものはただ「確かめる」という姿勢を貫くだけです。その際に重要な視点は、「事実」と「意見」を区別することです。世の中にはその区別がついていない情報発信者と受け手で溢れています。**単なる意見が事実にすり替えられることでデマや混乱がはびこる**のです。

## 厚生労働省の誤解を招く説明

さて、発達障害を理解する上で、この第二の罠がどのように仕掛けられているのか具体的に見ていきましょう。

まずは、医療という分野において**日本で一番の権威である厚生労働省**が「発達障害」について何と説明しているのか調べてみましょう。

「厚生労働省　発達障害」と検索すると真っ先にヒットするのが、厚生労働省によって運営されている「みんなのメンタルヘルス総合サイト」です。同サイトは「こころの健康づくりに関する情報と医学的情報、医療・福祉・労働・年金等にわたるさまざまな社会的支援に関する情報、国の施策に関する情報を、一般の国民の皆様に向けて、総合的に、正確に、かつ分かりやすく提供することを目指しています。また、専門家や関係者の皆様の必要とする詳しい情報についても、併せて提供してまいります。」と説明されています。

どうやら、この説明を読む限り、一般人が「発達障害」というものを知るためには最適の情報であるように思えます。早速、そのサイトの「発達障害」の説明を確認してみましょう。

「発達障害」とは生まれつきの特性で、「病気」とは異なります。発達障害はいくつかのタイプに分類されており、自閉症、アスペルガー症候群、注意欠如・多動性障害（ADHD）、学習障害、チック障害、吃音（症）などが含まれます。

これらは、生まれつき脳の一部の機能に障害があるという点が共通しています。（以下省略、傍線筆者）

さて、ここに書かれている内容を「事実」と「意見」に分類していきましょう。

○生まれつきの特性→意見です。後天的に発症するという意見もあります。発症メカニズムが解明されていない以上、いずれも実証されていない仮説に過ぎません。

○「病気」とは異なります→事実です。しかし、リンク先のURLにはdisease_developという文字が出てきます。「病気とは異なる」と言いながらdisease（疾患=病気）という言葉を使っているのは不適切です。

○発達障害はいくつか……含まれます→事実です。分類の仕方が正しいかどうかなどは別にして、そのように分類されているのは事実です。
○生まれつき脳の一部の機能に障害がある→意見です。まだ誰も実証していない仮説です。
○共通しています→意見です。もちろん誰も実証していない仮説です。

この厚労省による「発達障害」の説明の問題点は、**仮説を事実だと誤認させている**ことです。「〜と考えられていますがまだわかっていません」という表現が付随するのであれば問題ありません。専門的知識のない「一般国民の皆様」が対象となるサイトだからこそ、誤解が広がらないよう注意する必要があるはずです。私にはサイトを監修する専門家と厚生労働省が落とし穴を掘って罠を仕掛けているようにしか見えません。

もっと深刻な状況があります。それは、発達障害を定義する法律自体に罠が仕掛けられていることです。２００５年度より施行された発達障害者支援法の第二条では発達障害に関する定義が説明されています。同条第一項はこのように書かれてあります。

この法律において「発達障害」とは、自閉症、アスペルガー症候群その他の広汎性発達障害、学習障害、注意欠陥多動性障害その他これに類する脳機能の障害であってその症状が通常低年齢において発現するものとして政令で定めるものをいう。

ここでは「脳機能の障害」と断定的に書かれてあることに気付くでしょう。実はこれも「意見」です。実際は誰も証明したことのない仮説に過ぎないのです。「～と考えられる」くらいの表現であればまだ許容できる範囲ですが、この表現だと既知の事実としか受け取れません。

発達障害について説明する厚生労働省のホームページや、発達障害の定義を定めた法律の文言ですら、事実と意見の区別がついていないというのは致命的です。**「正しい理解」を求める側が正しい認識をしていない**ということなのです。

いかがでしょうか。発達障害を理解しようにも、これだけの罠が敷かれているのです。人々が混乱するのは当たり前のことです。

## 行政用語と学術用語で意味が異なる

さて、ここでようやく「発達障害とは何か」という主題にとりかかることができます。先述したように、「発達障害」とはＡＤＨＤやＡＳＤ、ＬＤなどの特定の障害（disorder）をまとめ上げた総称のことです。つまり、「どの障害を含んでどの障害を含まないのか」が具体的に決まっているということになります。

すでに説明した通り、精神障害の分類や診断基準は客観的に定まるものではありません。人間が合意（最終的には多数決などの決議）によって作り上げたものなので、当然のごとく不都合や矛盾が発覚することになります。そのため、分類や診断基準を改訂する作業を重ねてきました。

精神科領域の分類および診断には、二つの国際的な基準があります。一つがアメリカ精神医学会によるＤＳＭ（Diagnostic and Statistical Manual of Mental Disorders：精神障害の診断・統計マニュアル）であり、もう一つがＷＨＯ（世界保健機関）によるＩＣＤ（International Statistical Classification of Diseases and Related Health Problems：国際疾病分類）の「精神および行動の障害」の項目です。ＤＳＭは現在第5版（ＤＳＭ-5、２０１３年発表）でＩＣＤは現在第11版（ＩＣＤ-11、２０１９年発表）です。

それぞれ改訂される度に障害（disorder）が新たに追加されたり、削除されたり、統合されたり、別カテゴリーに移項されたりしています。最近だと、ＩＣＤ-11が２０１９年5月にＷＨＯで最終承認された際、「ゲーム依存症」が正式な病気と認められたと国内でも大きなニュースになりました。しかし、これは今まで説明してきた通り不正確な情報です。正確にはgaming disorderであり、病気（疾患）ではなく、あくまでも失調状態を表すdisorderに過ぎません。

「発達障害」という表現は、これらの国際的な分類において部分的に名称として使われたりしましたが、名称の廃止や変更、復活などで一定していないため、実は日本語の「発達障害」に一言で対応する言葉やカテゴリーの総称は存在しません。

ただ、日本では発達障害者支援法と、それに対応した政省令および通知によって、どの障害を発達障害に含めるのかを具体的に決定しました。

日本の行政文書はWHOのICDに対応しているため、行政用語としての発達障害の定義はICDベースで作られました。ICD-10によって分類された障害のうち、どこからどこまでを含めると具体的に決めたのです。

ところが、診断や治療の現場ではICDだけではなくDSMも使われており、学術上はむしろDSMベースで研究や議論が進められている状況なのです。

ICDとDSMでは分類や名称が微妙に異なる上、必ずしもそれぞれの障害が一対一に対応しているわけでもありません。さらにDSMは第4版から第5版に改訂される際、大幅に分類の変更がありました。

たとえば、ICD-10では「アスペルガー症候群」という障害があり、DSM第4版ではそれに対応した障害は「アスペルガー障害」と呼ばれていました。ところが、DSM-5になると「アスペルガー障害」は新たに「自閉症スペクトラム障害」という分類に吸収合併されてしまいました。学術上の研究や議論が今やDSM-5をベースにして動いている中、ICD-10ベースの行政用語としての「発達障害」という概念は正直使いづらくなっています。

このように、行政用語としての「発達障害」と、学術上あるいは臨床上使われている「発達障害」という言葉とでは微妙な違いがあるのです。

わかりやすく言うと、「野菜」を定義する際に、行政が定めた「野菜」の区分（たとえば、スイカやイチゴは「野菜」に含める）と、実際に野菜を取り扱う八百屋やスーパーでの「野菜」の区分（スイカやイチゴは「果物」として販売）が異なるのと似ています。

## 実体がない発達障害

専門家が「発達障害」について解説する際、よく使われるのが**図6**のような図です。発達障害の中でもメジャーとされるADHDとASD、LDを取り上げ、それぞれの障害には共通点があって障害の間に明確な境界線はないというのが定番の解説になります。しかし、この図のイメージは誤りです。なぜならば障害の間の境界線のみならず、**ADHD、ASD、LDのそれぞれの障害の範囲を示す境界線自体が存在しない**からです。

たとえば、ここに「トマト」と「キュウリ」という「野菜」があるとします。「トマト」という名称は「トマト」という実体と一致しています。つまり、「トマト」として定義され

図6　専門家が発達障害について解説する際によく使われる図

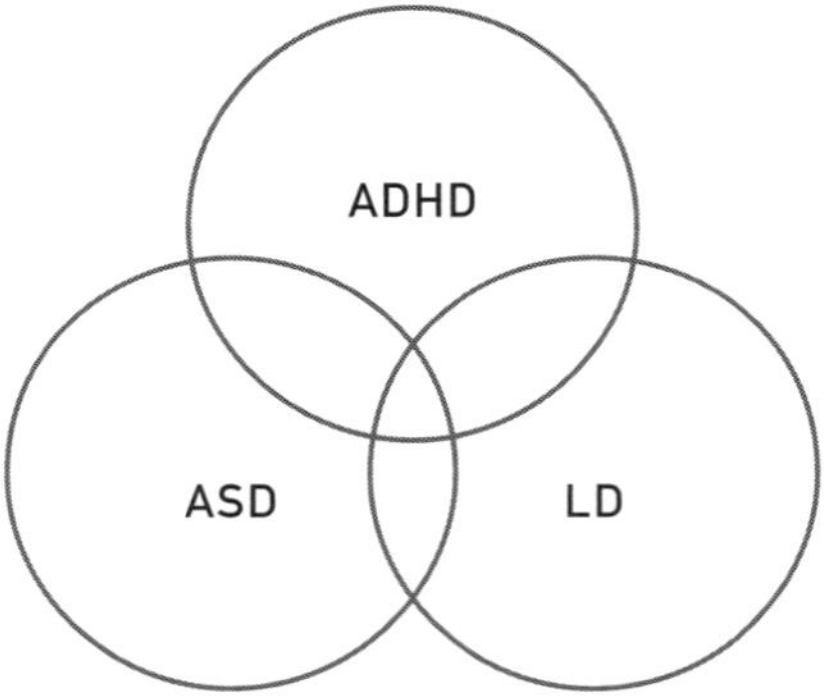


た名称は明確に「トマト」そのものを指します。そして「トマト」と「キュウリ」は明確に分かれている別の実体です。

この「トマト」や「キュウリ」が個別の「障害」にあたり、「野菜」という総称が「発達障害」に相当すると考えてみてください。もし、本当にそのようであれば、実体も名称も混同されることはありません。

しかし、「発達障害」という総称はもちろん、ＡＤＨＤやＬＤといった個別の障害にも実体はありません。完全な架空という意味ではなく、実体としての範囲を限定する境界線がないのです。

このように考えると、「発達障害の正体とは?」という問いに対する答えは、**「実体はないが人間がそのように決めたもの」**となります。実際にそうなのですが、それだと身も蓋《ふた》もないので、もう少しだけ詳細に解説していきます。鍵を握るのは「症候群」と「脳機能障害」という考えです。

## 「発達障害＝脳機能障害」というまやかし

「症候群（syndrome）」とは、原因が不明ではあるものの同じ病態を表す患者が多いときに、その症状の集まりについて名称をつけたものを指します。あくまで集合体であり、その集合体が単一の原因によるものとは限りません。まったく異なる原因で同じような症状が引き起こされている結果の寄せ集めである可能性もあります。

先ほど「操作的診断」について少し解説しましたが、この手法によって分類されたものは、正確には「症候群」と呼ぶべきものです。

実は、現時点において精神障害、発達障害とは病気（疾患）ではないのはもちろん、障害（disorder）と呼んではいるものの、実質的には「症候群」に過ぎないのです（実際は「精神障害」「発達障害」と診断するには「症候群」に加えて別の要因を考慮する必要がある。詳細は後述するが「症候群」がベースである事実は変わらない）。

「症候群」という考えに価値がないとは言いません。実際、その症状を引き起こしている共通の原因やメカニズムが解明されたら、晴れてその症候群は「病気（疾患）」という地位にランクアップします。

ただ、精神医学はずっとこの地位獲得に向けて何度も何度もトライしてきましたが、その成果が出ていないのが現実です。精神症状が他の病気（梅毒、抗ＮＭＤＡ受容体脳炎など）によるものだと判明した例や、そもそも原因が明らかなもの（脳損傷や薬物など）を除き、病気（疾患）として解明された精神障害、発達障害はまだ存在しません。

このままでは、精神医学は診断の根拠を示せず、人々を納得させることはできません。実際のところ、後述するように、第一人者や専門機関がこのような精神医学的診断手法に科学的根拠がないことを認めています。そこでさまざまな「もっともらしい」理屈を展開する必要性が生じたのです。たとえその理屈に科学的根拠がなかったとしても、人々が誤認さえしてくれたらその目的は達成できるのです。

そこで出てきた怪しげな言葉が「モノアミン仮説」や「脳機能障害」です。「モノアミン仮説」は後ほど解説するとして、ここでは発達障害に直結する「脳機能障害」という言葉について解説していきます。

先ほど紹介した厚生労働省の説明や発達障害者支援法の条文でも、この脳機能障害という言葉が出てきますが、「発達障害」を「脳機能障害」とみなすのはあくまで一つの意見であり仮説に過ぎません。しかし、この言葉が曲者です。「機能障害」という言葉には、欠損や損傷によって身体機能が失われているという impairment の意味と、働きが悪いという機能不全に相当する dysfunction の意味の二つが考えられるからです。この場合は後者であり、脳がうまく働かない状態という非常にアバウトな意味になります。

この表現では、何が原因で脳のどの部位のどんな機能に問題が生じているのかということまでは、はっきりとわかりません。これは何の説明にもならず解決にも結び付かない言葉遊びのようなものです。スマホがうまく機能していない場合、その状態に**「スマホ機能障害」**などと名前をつけても何も解決しないのと一緒です。バッテリーが切れた、画面が汚れて見えない、特定の部品が劣化している、持ち主が操作法を知らないなど、うまく機能しない原因はさまざまです。対処方法が原因ごとにまったく違う以上、状況を改善するには正しい原因を見つけ出すことが必須となります。

「脳機能障害」という言葉は専門家にとって非常に便利です。なぜならば何も説明してないのにもかかわらず妙な説得力があり、医学的かつ専門的に聞こえるからです。しかし、何をもって脳機能障害とするのかについてははっきりとした基準や線引きは存在しません。それどころか、**脳機能障害というものが存在しているのかどうかすらも本当はわかっていない**のです。

脳波検査、脳血流検査、光トポグラフィー検査、ＣＴ検査、ＭＲＩ検査などで脳の状態をある程度調べる技術は存在しています。もしも脳機能障害なる状態が存在するなら、検査でわかってもよさそうなものです。発達障害が脳の機能障害だというのであれば、それだけに特有の状態が見つかってもおかしくないはずです。

ところが、そのような特有の状態を見つけ出そうとする研究は数多く存在するものの、今のところ決定的なものは何一つ存在しません。

さらには、たとえその特徴的な脳の状態が発見されたとしても、それで発達障害が解明されるわけではありません。それだけではその状態が「原因」なのか「結果」なのかもわからないからです。本当は脳に問題があるわけではなく、別の身体的あるいは精神的問題が、脳にその結果を反映しているのかもしれません。

つまり、行動や思考にある特徴が存在する人は、脳あるいはその働きに何らかの原因があるに違いない、というのは自明の理などではなく、単なる偏見かもしれないのです。

結局のところ、発達障害やそれを形成する個別の障害とは、**脳機能障害の有無によって分類されたものではなく**、人間が便宜的に決めた仮の分類に過ぎないのです。

## 発達障害診断は魔女狩り裁判

脳機能障害説も先天性説も本当は正しいかもしれません。しかし、現時点では実証されておらず、脳機能障害の特定はおろか、それ自体存在するかどうかも本当はわかっていないのです。特徴的な「症状」は存在していたとしても、それが特定の疾患あるいは障害のみに起因し、明確に他の疾患や正常な状態と区別できるというものではありません。

しかし、考えてみたら不思議なことです。今のところ発達障害の実体はなく、存在するかどうかも未確定の段階なのに、なぜ「発達障害」と診断されている人が多数いるのでしょうか。

言うなれば、これは「魔女」みたいなものです。もしかしたら魔女は本当に存在したかもしれません。しかし、魔女が実在していたのか証明した人は誰もいません。それなのに、魔女を判定する基準が存在し、そして魔女と判定する権限を持った人が存在していました。魔女と判定された人は多数実在しましたが、その人々が本当に魔女だったのか誰もわからなかったということです。魔女のような風貌や服装、行為をしていて基準に合致した人はいたかもしれませんが、その人が実際に怪しげな魔術を使えたのか誰もわかりません。その判定基準が本当に正しかったのかも誰もわかりません。

このようなことを主張すると、「発達障害と魔女を一緒にするな!」とお叱りを受けるかもしれません。魔女裁判が非科学的な迷信であるのに対し、発達障害診断は科学的だと思っている方もいらっしゃるでしょう。

しかし、診断の根幹は、想像以上に前近代的です。なぜならば、それは最終的に「主観による判断」であるからです。ある精神科医はそれを「フィーリング」と公然と表現しています。児童精神科の権威中の権威ですら科学的根拠のある診断ができていないことを認めています。

日本の発達障害研究の第一人者である杉山登志郎医師（児童精神科医）の言葉が、新聞記事でこのように引用されています。

「杉山さんは、現在の精神医学について、いまだに表面的兆候から症状を区別するのが主流で、『科学的な根拠のある診断ができていない』と指摘」（読売新聞福井版2017年9月7日朝刊）

その診断の根拠となるアメリカ精神医学会のＤＳＭ（精神障害の診断・統計マニュアル）についても、世界中の研究者から「非科学的」「科学的価値なし」などという批判が寄せられています。たとえば、２０１９年７月、英国のリバプール大学の研究は「ＤＳＭによる精神科診断は、個別の精神障害を識別するためのツールとして、科学的に価値がない」と結論付けています。診断の手法も診断の基準も実はかなり怪しい代物であり、近代的に見せかけているだけで本質は前近代的なのです。

「発達障害＝脳機能障害」と信じ込まされている人は、てっきり脳を検査して科学的に発達障害の診断を下すと思い込んでいることでしょう。検査することがあるとしたら、あくまでも別の実在する病気ではないことを確かめるためです。検査数値が診断を決定するわけではありません。問診や生育歴の聞き取りや心理検査を通して総合的に判断する……などと説明されたら科学的に聞こえますが、一番肝心な最終判定はフィーリングというオチがあるのです。

ここでの要点は、そのような診断に意味があるかないかではありません。**判定者の知識、経験、能力、視点、気分、好みによって結果が変わり得る**という事実です。それにもかかわらず、実体のないものに実体を与えるという強烈な力を持っているのです。本当にその人が発達障害なる状態なのかどうかにかかわらず、権限のある人にそう判定されたら「発達障害」という実体を持つようになるのです。罪のない善良な市民が権力者の一言で魔女にされてしまうのと同じ怖さがそこにあります。

発達障害の診断基準を含むＤＳＭ第４版の編纂委員長のアレン・フランセスは、著書『〈正常〉を救え――精神医学を混乱させるＤＳＭ-５への警告』（講談社、２０１３年）にて、「精神障害は本物の病気でも架空の神話でもなく、両者の中間だ」と説明しています。

私自身、発達障害のことを完全な架空の神話だとみなしたいわけではありません。しかし、現時点で本物の病気（疾患）ではないという位置付けを理解しない専門家や、その事実を意図的に隠すような専門家が、まるで実在が証明された病気（疾患）であるかのように説明し、知識を持たない一般市民に誤ったイメージをもたらしている現状を見ていると大きな疑問が湧いてきます。謙虚な現状認識を伴って科学へと前進するのではなく、むしろ架空の神話へと後退しているようにしか見えません。

ここまで多くのページを割いて発達障害の説明をしてきましたが、結局のところ発達障害とは何かよくわからなかったと思います。でもそれで良いのです。

ここでの狙いは、**何がわかってないことなのかを知ってもらうこと**です。なぜならば、専門家も報道も行政機関も、本当はわかっていないことをさもわかっているかのようにウソをつくからです。

第二の罠から抜け出すためには、事実と意見を見分けることが重要です。それには、事実のふりをする意見を見破る必要があります。その際に何がわかっていないのかを知ることが有効なのです。

第二章

# 「うつ病キャンペーン」で起こった「うつ病バブル」

## うつ病キャンペーン

精神医療業界には数えきれないほどの「前科」があります。とてつもなく多くの人々の人生を不当に奪ってきた否定できない歴史があります。もしも関係者がその数々の罪に対して反省し、被害に対して責任を取り、同様の過ちを犯さないよう業界自ら襟を正し、不適切な行為を取り除いているのであれば、私は何も言うことはありません。このような書籍を出す理由もありません。

しかし、20年以上業界の実態を調査し続けてきた結論は、**この業界に自浄作用などまったく期待できない**ということです。法律で規制したり診療報酬で縛りをかけたりするなど外部からの強い圧力がない限り、決して業界は自ら態度を改めたりはしません。そして、たとえある特定の領域が規制されたとしても、まったく同じ手口で別の領域に問題を起こすということを延々と繰り返し続け、本質は決して変わらないというのが特徴です。

現在の日本で見られる「発達障害バブル」のような状況は、決して真新しいものではありません。精神医療業界によって繰り返されて来た歴史の再現でしかありません。同じような状況は、ＡＤＨＤが異常なブームとなった１９９０年代のアメリカでもすでに見られました。そして、日本でもいわゆる「うつ病キャンペーン」の展開と共に引き起こされた「うつ病バブル」と呼ぶべき状況が１９９０年代末から発生しています。

この共通の手口や構図を知ることは重要です。歴史を学ぶことで未来が予想でき、起こり得る悲劇を回避することも可能になります。発達障害バブルはうつ病バブルの相似形です。うつ病バブルがどのようにして引き起こされたのかを理解すれば、発達障害バブルについてより鋭い検証も対策も可能となります。

うつ病キャンペーンは、**新しいタイプの抗うつ薬の販売開始（1999年）**と共に始まりました。マーケティングという視点から見ると、そのキャンペーンは大成功でした。ただし、うつ病という市場を開拓した精神医療業界と製薬業界にとっては成功かもしれませんが、患者や市民という視点からすると損害であり悲劇でした。

それは優れたマーケティング手法でした。優れた製品であっても売れるとは限りません。逆に、劣った製品であってもマーケティング次第で飛ぶように売ることもできます。現実的には、うつ病に関する精神科医の診断能力、治療実績は悲惨であり、新型抗うつ薬の効果も既存品と変わらないどころか大きな問題がありました。ところが、精神科医はパンクするほどの新規顧客を獲得し、製薬会社にはとんでもない利益がもたらされました。まさにマーケティングの勝利です。

ただし、売上という結果を出しさえすればマーケティングが適切かというとそうではありません。人を騙して商品を売り付け、巨額の富を得ることもできます。人はそれを詐欺や悪徳商法と呼びます。うつ病キャンペーンは、ウソの情報によって人々を受診や薬に誘導したのです。

うつ病キャンペーンと聞くと連想されるのは「うつはこころの風邪」というコピーでしょう。誤解を招く問題ある表現かもしれませんが、医学的説明ではなく、あくまでも比喩表現だと受け取れるだけマシでした。

悪質だったのは、受け手が誤解してしまうような、医学的事実に見せかけた不正確で不誠実な情報です。代表的なのは以下の①〜④です。

①うつ病は脳の病気
②薬を飲めばうつ病は治る
③新型抗うつ薬には副作用がほとんどない
④それはうつ病かもしれません

これもまた第一章で紹介した「罠」が仕掛けられていることに気付くことでしょう。うつ病という言葉自体が誤解を招く元凶であり（第一の罠）、事実と意見が混同されているのです（第二の罠）。

**図7　専門家が説明するうつ病のメカニズム**

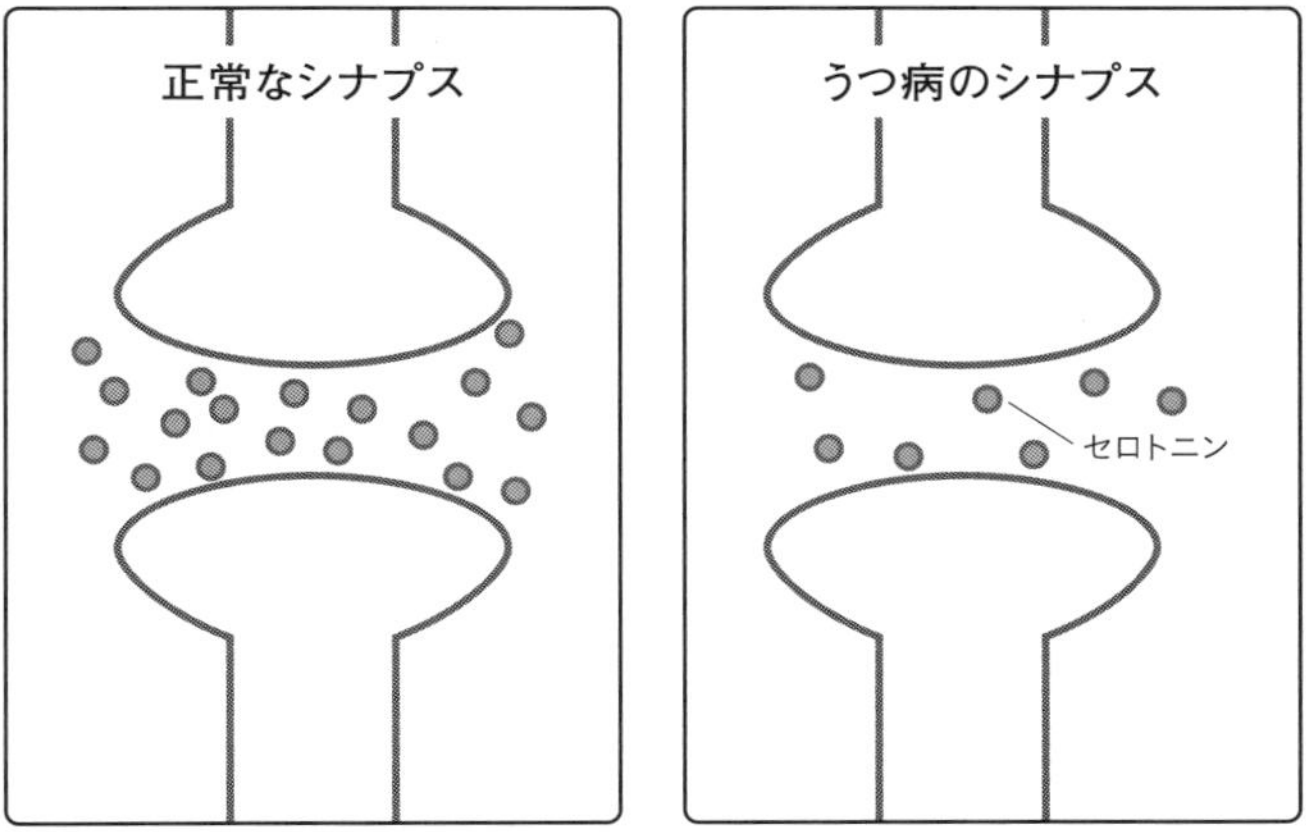


うつ病という名称から、ほとんどの人は正式な病気(疾患)と思い込んでいます。しかし、これもまた単なる障害（disorder）に過ぎません。うつ病に該当するのはＤＳＭの「大うつ病性障害（major depressive disorder)」にあたります。英語の原文では「病気」などとは書かれていません。

当然、うつ病は脳の病気というのは事実ではなく単なる仮説です。誰一人としてその仮説を証明したことはありません。しかし、その仮説に説得力を持たせるために、専門家や製薬会社は**図7**のようなイラストを用い、うつ病とは脳内神経伝達物質のひとつであるセロトニンが不足することで発症する病気だというイメージを作り上げました。

このように、モノアミン神経伝達物質と呼

ばれるセロトニンやノルアドレナリン、ドーパミンなどに着目し、そのバランスの乱れがうつ病などの精神障害の原因だとする意見（モノアミン仮説）は、抗うつ薬や抗精神病薬、抗ＡＤＨＤ薬などの開発の根拠とされ、どのようにして薬が作用するのかという説明にも用いられます。

ところが、**モノアミン仮説はいまだ証明されたことはなく、否定的な見解も示されています**。専門家や製薬会社は、薬によって神経伝達物質のバランスの乱れを整えると解説しますが、具体的にどのような状態が正常あるいはアンバランスなのかという基準は一切ありません。そもそも薬自体がモノアミン類の生成を助けるわけでもなく、流れに蓋をして一時的に濃度を高めるという不自然な作用である以上、むしろ自然なバランスを乱すと考える方が適切です。当然ながら、薬自体が病気を完治させるということはなく、「薬を飲めば治る」という表現も不適切です。

うつ病キャンペーンの黎明期は、専門家と呼ばれる精神科医がテレビなどに出演しては「薬を飲めば必ず治る」「新薬に副作用はない」という、誇大広告を通り越して露骨なウソを発信していました。さすがに苦情が出たのか、「薬はとても効く」「副作用はほとんどない」という表現に変わっていきましたが、それでも事実ではなく意見を基にした誇大広告そのものでした。

うつ病キャンペーンは勢いが止まらず、２００２年にアジア初となる世界精神医学会が横浜で開かれたことで市場開拓が進み、ますます加速していきました。

しかし、時間が経つにつれ、化けの皮が剝がれることになりました。10年以上薬を飲み続けても治らない、薬の種類と量が増えて多剤大量処方になっている、副作用で苦しめられた、などとする患者の悲痛な声が上がるようになったからです。

鳴り物入りで登場した新型抗うつ薬は、効果や副作用の少なさが強調されてきましたが、効果の面では従来の抗うつ薬と変わらないどころか、プラセボ（偽薬）と比較してもほとんど差が出ず、若年層に至っては効果が認められないことが発覚しました。副作用が少ないというのは、あくまでも従来の抗うつ薬に目立った便秘・口渇・ふらつき・眠気・体重増加などの**特定の副作用が目立たない**というだけでした。患者は性機能障害・吐き気・下痢・不眠・離脱症状などに苦しめられました。

また、日本で新型抗うつ薬の販売が開始された頃（１９９９年）には、販売が先行した米国などでは、薬によって衝動性が高まり、自殺や暴力、凶悪事件が引き起こされることがすでに大きな問題となっていました。

私は「市民の人権擁護の会」という精神医療による人権侵害を監視する団体の日本支部代表世話役を務めていますが、会としても厚生労働省に対して何度も注意喚起するよう要望しましたが、添付文書改訂によって自殺について注意喚起されたのは２００５年、攻撃性を高める危険性について注意喚起されたのは２００９年のことでした。命に関わる重要な情報が一般市民に知らされるまで、あまりにも時間がかかり過ぎたとしか言えません。

disorder に過ぎないうつ病を、薬を飲むことで治る病気（疾患）だと誤認させ、薬物治療以外の選択肢も示さないまま、安易な投薬をしたというのが現場の実態でした。

しかし投薬の前には診断が必要であり、診断の前には受診が必要です。大量の人々を受診に促し、来院患者にお手軽に診断することを可能にしたのは、ＤＳＭを基にしたチェックリスト類でした。そのチェックリストの不適切な普及と使用こそがすべての元凶だったのです。

## ＤＳＭの濫用

爆発的に患者が増加し、本来それに該当しない人まで患者にされてしまう現象がうつ病バブルであり発達障害バブルです。その本質を一言で表してしまうと、ＤＳＭ（およびもう一つの診断基準であるＩＣＤ）の濫用です。本来の決められた用法ではないどころか、するなと釘を刺されているような使い方をわざわざしているという点で非常に悪質です。

ＤＳＭで分類されている障害とは、実質的には症候群（※41ページ参照）です。それに該当するかどうかを判断するために、症状の有無を確かめるチェックリストが使用されます。

しかし、診断というのはチェックリストのみによって機械的に決まるのではありません。症状とはあくまで結果です。同じ症状を示すからといって原因がすべて同じとは限りません。発熱という症状を例として考えたらすぐに理解できるでしょう。発熱の原因はインフルエンザだけではありません。チェックリストによって判別できるのはあくまでも表面的な症状です。同じ症状を引き起こすような身体的疾患などと鑑別したり、その可能性を除外したりするステップは鑑別診断・除外診断と呼ばれ、診断を下す上で不可欠です。

また、DSMによる障害（disorder）は実質、症候群であると説明しましたが、通常の症候群が症状のみを考慮するのに対し、disorderという概念には「症状＋本人の困り感」という要素が加わってきます。つまり、該当する症状があったとしても、本人が生活上に著しい困難を感じていなければ診断を下さないということになります。参考までに、DSM‐5における大うつ病性障害の診断基準を示しておきます（図8）。

そう考えると、チェックリストに該当するかどうかだけで診断を下すという、いわゆるチェックリスト診断は、所定の手続きを踏んでいない明確に誤った手法だということになります。このようなチェックリスト診断を取り締まらずにはびこらせ、精神科をお手軽・お気楽商売にしてしまった業界の罪は限りなく重いです。

うつ病ブームに乗じて精神科や心療内科を標榜するクリニックが雨後のタケノコのように

## 図8　DSM-5による大うつ病性障害の診断基準

以下のA～Cをすべて満たす必要がある。

| | |
|---|---|
| A：以下の症状のうち5つ（またはそれ以上）が同一の2週間に存在し、病前の機能からの変化を起している；これらの症状のうち少なくとも1つは、1 抑うつ気分または 2 興味または喜びの喪失である。<br>注：明らかに身体疾患による症状は含まない。 | |
| | 1. その人自身の明言（たとえば、悲しみまたは、空虚感を感じる）か、他者の観察（たとえば、涙を流しているように見える）によって示される、ほとんど1日中、ほとんど毎日の抑うつ気分。注：小児や青年ではいらいらした気分もありうる。 |
| | 2. ほとんど1日中、ほとんど毎日の、すべて、またはほとんどすべての活動における興味、喜びの著しい減退（その人の言明、または観察によって示される）。 |
| | 3. 食事療法中ではない著しい体重減少、あるいは体重増加（たとえば、1ヶ月に5%以上の体重変化）、またはほとんど毎日の、食欲の減退または増加。（注：小児の場合、期待される体重増加が見られないことも考慮せよ） |
| | 4. ほとんど毎日の不眠または睡眠過多。 |
| | 5. ほとんど毎日の精神運動性の焦燥または制止（ただ単に落ち着きがないとか、のろくなったという主観的感覚ではなく、他者によって観察可能なもの）。 |
| | 6. ほとんど毎日の易疲労性、または気力の減退。 |
| | 7. 無価値観、または過剰あるいは不適切な罪責感（妄想的であることもある）がほとんど毎日存在（単に自分をとがめる気持ちや、病気になったことに対する罪の意識ではない）。 |
| | 8. 思考力や集中力の減退、または決断困難がほとんど毎日存在（その人自身の言明、あるいは他者による観察による）。 |
| | 9. 死についての反復思考（死の恐怖だけではない）、特別な計画はない反復的な自殺念慮、自殺企図、または自殺するためのはっきりとした計画。 |
| B：症状は臨床的に著しい苦痛または社会的・職業的・他の重要な領域における機能の障害を引き起こしている。 | |
| C：エピソードが物質や他の医学的状態による精神的な影響が原因とされない。 | |

『精神疾患の診断・統計マニュアル』アメリカ精神医学会
Washington,D.C.,2013（訳：日本精神神経学会）

出現しましたが、誰もその診療の質を管理していなかったため、初診時わずか数分でチェックリスト診断し、機械的に投薬するようなデタラメ診療が横行してしまったのです。これは、仮運転免許証（いわゆる仮免）を取得しただけなのに、あたかも本免許を取得したかのように振る舞い、友人や家族を乗せて高速道路を走行するようなものです。

これは取り返しのつかない事態を引き起こしました。**「デタラメ専門家」**というのがメンタルヘルス上の大きなリスク要因になってしまったのです。彼らは国民のメンタルヘルスを徹底的に破壊してしまいました。**不必要に病人を作り上げ、多剤大量処方などの不適切投薬によって数えきれない人々を再起不能に追い込んだ**のです。

## 「あるあるネタ」レベルのチェックリスト

ＤＳＭが濫用されたのは診断が行われる臨床の場だけではありません。チェックリストが改変されて広告や報道に不適切に使用されたことも見過ごせません。本来ＤＳＭのチェックリストは医師が診断の際に使うものですが、スクリーニング検査（病気・障害を発見することを目的に行われる検査）に使えるような、医師以外も扱える簡易なチェックリストがいくつも開発されました。

たとえば、「自記式質問紙法」「構造化面接法」などと呼ばれ、来院した患者が自分で記入するチェックリストや、あるいは問診の際に使う簡易なチェックリストというものが存在します。この手の簡易チェックリストは、疑わしい人をとりあえず見つけ出すことを目的とするので、本当はうつ病に相当しない人も広く網に引っ掛かるようユルユルに設定されています。そこに注意する必要があります。DSM本体のチェックリストですら、それのみで診断などできない以上、このような簡易チェックリストでうつ病かどうかなど判断できるはずがないのです。

そのような簡易チェックリストの普及を促したのは業界だけではありません。「自殺対策＝うつ病対策」と位置付けていた政府がそれを後押ししました。うつ病を早期発見、早期治療することで自殺者数を減らせるという精神科医の「意見」を鵜呑みにし、自殺対策という名目でうつ病の早期発見を促したのです。それには、かかりつけ医自身がうつ病と診断したり、早期に精神科に繋げたりする対策も含まれ、簡易チェックリストの普及につながりました。

ここで重要なポイントは、早期発見が何よりも優先されるあまり（早期発見至上主義）、**簡易チェックリストが抱える危険性を無視した安易な使用が促された**ということです。

チェックリストの乱造・濫用はそれだけにとどまりません。簡易チェックリストをさらに拡大解釈し、さらに簡易でカジュアルな独自のチェックリストを作成して公表する専門家が多数出現しました。そのような独自チェックリストを普及する役割を担ったのが**啓発報道**です。この手の記事や番組、ホームページはお決まりのパターンで構成されているのが特徴です。専門家とされる著名な精神科医が登場し、うつ病について一通り解説した後に独自チェックリストを示し、「いくつ以上該当する人はうつ病の疑いがあるので早期に受診しましょう」と呼びかけるのです。

簡易チェックリストは本診断との一致率を調査するなどそれなりに妥当性が検証されたものですが、独自チェックリストレベルとなると完全にその専門家の個人的見解であり、さらに妥当性は低いものです。

そしてそれよりもさらに低いレベルでのチェックリストも作られました。なんと、そのチェックリストは広告のキャッチコピーとして使われたのです。抗うつ薬を製造販売する製薬会社は、新聞の全面広告などを利用し、派手に治験広告や啓発広告を展開していきました。その際に人目を引くキャッチコピーとしてチェックリストを利用したのです。

たとえば、2001年9月9日の読売新聞朝刊（東京本社版）に掲載された広告を取り上げましょう。これは、中外製薬と日本イーライリリー社による合弁会社であった中外リリークリニカルリサーチ株式会社による全面広告でした。

「最近、何をしても楽しいと思えない」
「興味がわかない」
「集中力がない」
「なかなか眠れない」

という四つの言葉が大きく書かれ、その下に「それはもしかしたら、『うつ』の症状かもしれません」という文言が下線付きで添えられています。治験広告の体を装っていますが、うつ病かもしれないという不安を煽り、受診に導くものです。

別の例も挙げましょう。２００４年6月22日の読売新聞朝刊（東京本社版）には、グラクソ・スミスクライン社による全面広告が掲載されました。青い空を背景に、患者役の人が晴れやかな表情を浮かべるという構成の広告で、大きな文字でこのように書かれています。

毎日、つらかった。
□頭が重い
□眠れない
□肩がこる

□腰が痛い
□だるい
□食欲がない
□興味がわかない
□気分が落ち込む

「うつ」――
　早めにお医者さんに
　　相談して、よかった

　これは、治験広告ではなく、「うつ」のハンドブックを無料で差し上げるという広告になっています。広告自体がチェックリストになっており、該当者には「迷わず医師にご相談下さい」と受診をストレートに促す内容になっています。

　ＤＳＭそのものが非科学的であると業界内部からも外部からも批判されており、実際にチェックリストに科学的根拠があるかと言われたら苦しい説明しかできません。スタート地点ですらこのレベルであるのに、「ＤＳＭ本体のチェックリスト↓簡易チェックリスト↓

独自チェックリスト→広告コピーチェックリスト」と姿を変えていくにつれ、最終的には科学の欠片《かけら》も存在しない姿になってしまいました。もはや占いレベル、「あるあるネタ」レベルと呼ぶにふさわしいでしょう。

## 広告コピーチェックリストによる「バーナム効果」

誰にでも当てはまる性格の記述をあたかも自分のために診断された内容だと思い込んでしまう現象を、心理学用語で「バーナム効果」と呼びます。星座占いや血液型性格診断に妙な説得力を感じてしまうのもその現象とされています。この広告コピーとして使われるチェックリストは、まさにバーナム効果を狙ったものです。「あるあるネタ」は、日常の些細なことを挙げて聴衆の共感を得て、それを笑いなどに変換するという手法です。一方、広告コピーチェックリストは、バーナム効果で聴衆の共感を得て、それを不安に変換させて精神科医療機関にホイホイ誘導したのです。

露骨な広告コピーチェックリストは、製薬会社のみならず、政府まで採用してしまいました。これが「お父さん、眠れてる?」のキャッチコピーで知られる「睡眠キャンペーン」です。静岡県富士市で先行して実施されたことから、睡眠キャンペーンを中心とした自殺対策を「富士モデル」と呼びます。

うつ病バブルがようやくピークを超えて収束しかけてきた2010年、内閣府はわざわざそれを取り上げ、CMまで流してしまいました。これは広告コピーレベルのチェックリストの究極系とも言えるでしょう。なぜならば、もはやリストですらなくワンフレーズだからです。このワンフレーズにひっかかった働き盛りの男性は、それに続く「〜2週間以上続く不眠は、うつのサイン。眠れないときは、お医者さんへ〜」というメッセージを鵜呑みにして受診したのでした。

もちろん我々「市民の人権擁護の会」は抗議しました。現場でデタラメ診断や危険な投薬が横行している現実を見ることなく、うつ病でも何でもないような人を無責任に精神科医療機関に繋げるような政策はむしろ有害だと。その際、我々はちゃんとデータを示しました。先行する富士市や静岡県では、むしろこのキャンペーンを導入してから自殺者が増えたという事実です。この抗議が奏功したのか、全国的なキャンペーンはほぼ単発で終わりました。しかし、「スーミン」というゆるキャラまで作って展開する鳥取県など、一部自治体ではまだ継続していています。

その後、無条件に受け入れられてきた「あるあるネタ」的キャンペーンも陰りが見えてきました。それを象徴するのが「うつの痛み」キャンペーンへの批判です。先行した外資系製薬会社の大儲けした手法を真似したのが、抗うつ薬サインバルタを共同販売する塩野義製薬と日本イーライリリーでした。２０１３年10月に彼らがＣＭや新聞広告で展開した「うつの痛み」の広告コピーチェックリストは、ＤＳＭやＩＣＤの診断基準にすらない「痛み」を問う内容であったため、専門家やマスコミから批判の声が上がり、ＣＭは放映されなくなりました。

**うつ病バブルの真相**

ここで、今まで述べてきたうつ病バブルの構図を図式化してみましょう（**図9**）。同心円の中心にあるのは、十分な鑑別診断や本人の困り感が考慮された、正しいステップを踏んだ診断という集合です。ただし、これに明確な実体があるわけではなく、実在する病気（疾患）や、生物学的モデルとは独立した集合であることに注意する必要があります。これをカテゴリー１と名付けましょう。

その外側にＤＳＭチェックリストに該当する症候群（カテゴリー２）、簡易チェックリストに該当する症候群（カテゴリー３）、そして独自チェックリストに該当する症候群（カテゴリー４）、広告コピーチェックリストに該当する症候群（カテゴリー５）がそれぞれ位置しています。

外側に行けば行くほど、中身がないまま膨れ上がっていることになります。まさにバブル

**図9　うつ病バブルの構図**

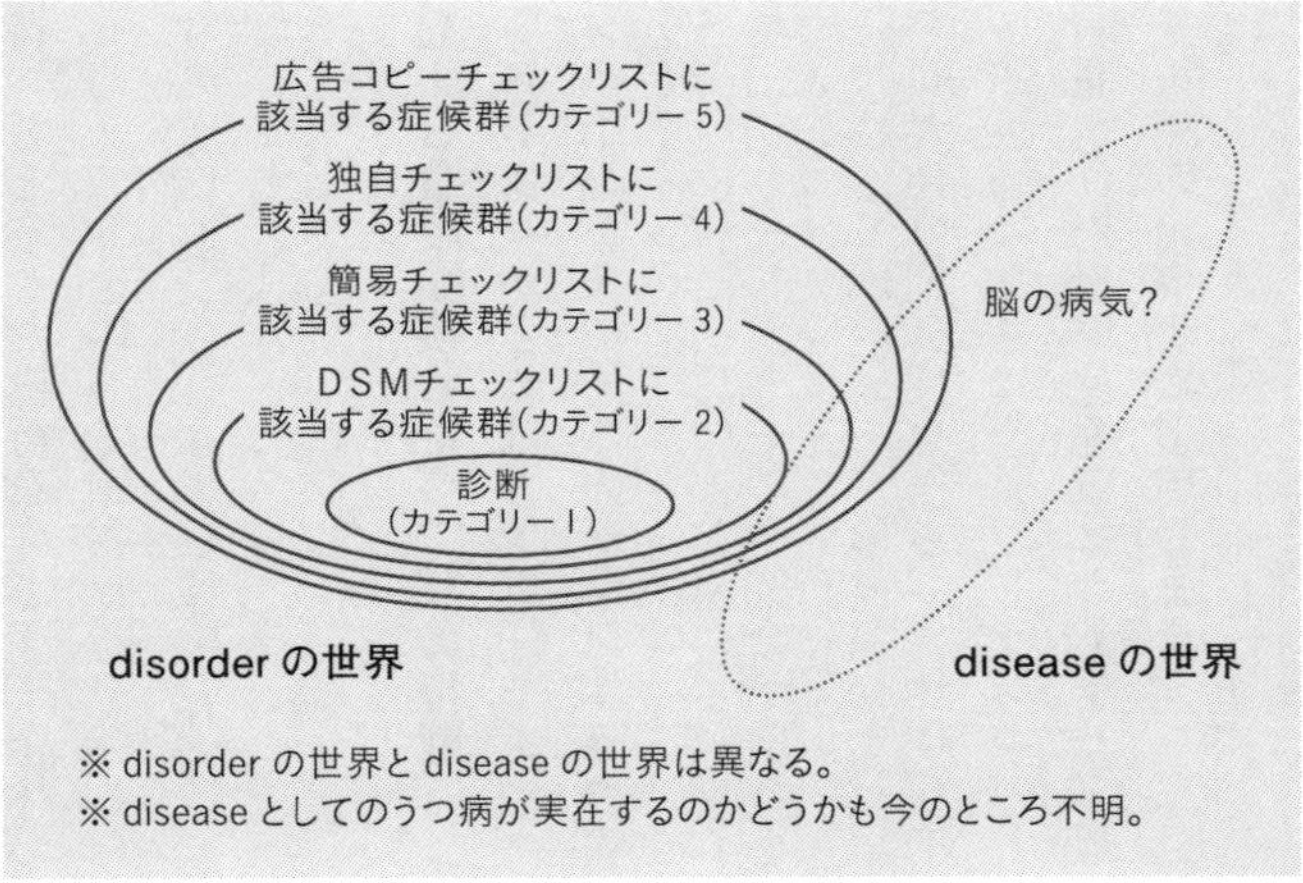

※disorderの世界とdiseaseの世界は異なる。
※diseaseとしてのうつ病が実在するのかどうかも今のところ不明。

と呼ぶにふさわしい現象です。本来うつ病患者とはカテゴリー1に限定されるはずです。ところが、より外のカテゴリーに含まれる人々までうつ病と診断されているのです。それがうつ病バブルです。DSM自体が正しいかどうかはさておき、DSMが適切に使用されていたとしたら、そこまで患者も薬も増えるはずはありませんでした。臨床の診断レベルが同心円の中心に近ければ近いほど妥当と言えますが、日本の精神医療業界の質の水準は、中心からはるかに遠い位置にありました。

もちろんまともな診療をしていた医師がいないわけではありません。しかし、デタラメ診療の横行にまったく歯止めがかかることはありませんでした。本来は業界が責任を持ってそうした横行を許さず、全体の質を高めるべきですが、業界のトップ自身が独自チェックリストを作って過剰診断を促したのです。そして、業界のトップが薬の効果を誇大宣伝すると同時に副作用を過小評価することで、デタラメで危険な投薬がはびこることになったのです。

## 主張を180度転換したうつ病の権威

業界のトップがどれほど無責任であったのかよく理解できる実例を挙げましょう。うつ病キャンペーンを象徴するのが「日本うつ病学会」です。2003年、新型抗うつ薬パキシルを製造販売するグラクソ・スミスクライン社の支援を受け、うつ病アカデミーという研究会が立ち上がりました。その研究会が前身となり、2004年に日本うつ病学会が発足しました。

第一回大会の大会長を務め、2006年から2010年にかけて同学会理事長を務めた野村総一郎医師はまさに業界のトップ中のトップと言える人物です。2003年に長野県飯田市で開催された「信毎健康フォーラム・飯田　うつ病と神経症」に登壇した野村医師の発言を地元新聞の記事から引用します。

現在いろいろな薬が使われていますが、一般にどの薬も恐ろしい副作用はありません。中でも抗うつ薬は一番安全性が高い。継続して飲んでも心配なく、ぼけることも絶対にありません……

（信濃毎日新聞2003年9月5日朝刊）

業界のトップが市民に対してこのようにアピールしていた一方、我々は抗うつ薬が衝動性を高め、自殺や暴力を引き起こす危険性について警鐘を鳴らしていました。厚生労働省はようやくその危険性を認め、2009年5月8日に新型抗うつ薬について、同年7月3日にそれ以外の抗うつ薬についても注意喚起しました。このような副作用の症状を「アクティベーション症候群」と呼びます。厚生労働省による注意喚起後、それについて解説する新聞記事に野村氏が専門家として登場していたので引用します。

SSRIの国内販売開始は1999年。現在4商品あり、うつ病治療では最初に処方される。旧来の「三環系抗うつ薬」と比べて便秘、太りやすい、心臓への負担などの副作用が少なく安全性が高いとして「発売当初は過剰な期待があった」と日本うつ病学会理事長で防衛医科大学校の野村総一郎教授は振り返る。

ただ、アクティベーション症候群が起こり得るのは「当初からわかっていた」と野村教授。

（日本経済新聞２００９年８月16日朝刊）

さすがにこれには開いた口がふさがりませんでした。当初からわかっていたという言葉が真実であるのなら、市民に対して危険な副作用はない、一番安全性が高いと説明した言葉は完全なウソということになります。そして、過剰な期待があったと他人事のように話す野村医師自身が過剰な期待を作り出した張本人ということになるのです。

この業界の特徴は、**決して反省も謝罪も被害への償いもしない**ということです。問題が大きくなって外部からの批判が強くなってきたときのみ対処しますが、本質は変わりません。問題を作り出した張本人が、何事もなかったかのように立場を翻し、その問題に敢然と立ち向かう第一人者であるかのように振る舞う姿を何度も見てきました。

うつ病キャンペーンは始まりの合図に過ぎませんでした。このキャンペーンの開始と共に日本のメンタルヘルスは完全に変わりました。ちょうどその頃、日本の精神医療は変革期を迎えていました。**ドイツ精神医療**の流れを汲む日本の精神医療業界は、率先して精神障害者への差別・偏見を作り出し、精神障害者を長期に隔離収容するモデルで成り立っていましたが、精神科病院での虐待、犯罪、不正が次々と暴かれるようになり、国内外からの批判の声はピークに達していました。業界としては最大のピンチを迎えていたのですが、そこに「黒船」が襲来したのです。

## アメリカ型精神医療がビジネスモデルを変えた

この黒船とは、ＤＳＭと製薬会社がセットになった**アメリカ型精神医療**です。その特徴は、ターゲットが「一般人」となっていることです。入院治療で重度精神障害者に特化するのではなく、**外来治療で軽症の人々を広く取り扱うモデル**でした。ＤＳＭを濫用し、拡大解釈すればするほどターゲット層が広がるというカラクリで、**精神医療業界と製薬業界が手を組んで巨利をむさぼるという構図**がありました。

第六章で詳しく述べますが、本来、日本の精神医療業界は虐待と差別の歴史を反省し、決別し、新たな道を進むべきでした。次々と精神科病院の不正が暴かれ、議論が巻き起こったのは業界が変わる絶好の機会のはずでした。

ところが、黒船襲来によってすべてが変わりました。業界は、一切本質を変えることなく、形態を変えることで世間の目をくらませ、それまでの被害者に対して謝罪や補償をするのではなく、新たに被害を広げたのです。

世界精神医学会の大会を日本で開催することが決まったのは１９９７年10月のことでした。そこから業界は一丸となって形態を変えていきました。うつ病キャンペーンが始まる前から準備は進められていたのです。

２００２年８月に横浜で開催された第12回世界精神医学会の会場は、まさに黒船を象徴していました。学術大会の場というよりも、外資系製薬会社のプレゼンテーションの場と見紛う装いでした。配布されたプログラムを見て納得しました。謝辞と書かれたページには、金銭的支援をした企業や団体がランク別に称えられていました。一番ランクの高いプラチナには、Eli Lilly and Company, GlaxoSmithKline, Janssen-Cilag and Organon の３社、ゴールドにはヤンセンファーマ株式会社の１社、シルバーには日本イーライリリー株式会社とN.V.Organon, Pfizer Inc. の３社があり、あとはその他でまとめられていました。高額出資者はすべて外資系製薬会社ということでした。

外資系製薬会社は、日本の潜在的市場に目をつけていました。うつ病キャンペーンによって精神科外来という市場が開拓されたことで、その流れは一気に押し寄せました。もはや市場はうつ病だけではなく、不安障害、統合失調症、双極性障害などに広がったのです。そしてその一環が発達障害という流れになっているのです。

なお、当日（２００２年８月26日）「ＡＤＨＤの治療――最近の考え方――」と題する特別講演で、ハーバード大学医学部精神科学教授であるジョセフ・ビーダーマン博士が演者として登壇しました。その５日後に都内で開催された「国際ＡＤ／ＨＤフォーラム」においても、彼は「従来より副作用が少なく、生活の質の向上が見込まれる」と抗ＡＤＨＤ薬ストラテラを紹介し、日本市場に薬を売り込む先陣を切りました。

ちなみに、同薬を製造販売する製薬会社などから当時より巨額の金銭を受け取っていたことを同博士は隠しており、その事実が２００８年に発覚した際、精神医療業界を揺るがす一大スキャンダルとなりました。

市場を開拓し、美味しいところを食いつくしたのは先行する外資系製薬会社でした。特許が切れてジェネリックが出回るようになると市場の価値は下がるので、市場価値があるうちに売り抜けるのがこの世界の鉄則です。大規模な米国市場はすでに売り抜け状態にあったため、彼らは未開拓であった日本の市場に目を付けたのです。先行企業が売り抜けて撤退することでバブルのピークは過ぎましたが、出遅れた国内の製薬会社が時間差で参入するなどしているため、いったん作られたバブル市場はなかなか収束しないのが実情です。

# 第三章

# 作られた「発達障害バブル」

## 「発達障害バブル」は「うつ病バブル」の焼き直し

対象や状況は異なりますが、発達障害バブルは基本的にうつ病バブルの焼き直しであり、構図自体はまったく一緒です。うつ病と同じく、発達障害も disorder である以上、実在する病気（疾患）として「正しい診断」を下すことなど不可能です。正しい手順による診断はあったとしても、それは病気（疾患）を意味するわけでも、回復不能な障害を意味するわけでもないことに注意しないといけません。

重要なことなので再度言及しますが、このような操作的診断によって導かれる診断（カテゴリー1）は、行動上の異変（disorder）を表すだけであって、**生物学的な異変（disease）とはリンクしていない**ということです。行動による分類と身体的特徴による分類とは指標が異なります。

一般的に分類の指標が異なる場合、**その関連性が証明されない限り**、それらは独立した別物です。たとえば、身長と年収に何らかの関係性も見つかっていない状態で、「身長が高い人は年収も高い」ということはできません。それは非常に乱暴な論理の飛躍であり単なる偏見です。同じように、**発達障害と診断されたことと、その人の脳に先天的な問題があることを結び付けることはできません。**

精神医学は、脳内の生物学的異変が精神障害や発達障害の真犯人に違いないと考え、脳を執拗に取り調べしてきました。しかし、その証拠となるものは一切見つからなかったため、診断するのには生物学的異変を示す指標（バイオマーカー）とは異なる指標を採用するしかなかったのです。

そこでアメリカ精神医学会によるＤＳＭ（精神障害の診断・統計マニュアル）は第３版から症状に基づく操作的診断手法にシフトしたのですが、ＤＳＭ-５作成委員会はそこから脱却する野望を抱きました。バイオマーカーを診断の基本に据えようとするパラダイムシフト構想が立てられましたが、結局信頼に足るバイオマーカーが存在しないことを証明する形となり、再び操作的診断手法に戻らざるを得なくなったのです。

さて、これはうつ病バブルとまったく同じです。disease とはリンクしていない、独立した世界の中で、正しい手順による診断（カテゴリー１）を中心に、外側に向かって、ＤＳＭ／ＩＣＤチェックリストに該当する症候群（カテゴリー２）、簡易チェックリストに該当する症候群（カテゴリー３）、独自チェックリストに該当する症候群（カテゴリー４）、広告コピーチェックリストに該当する症候群（カテゴリー５）という順に同心円状に広がっています。「過剰診断」という現象は、カテゴリー２以上の人が誤って診断されていることを指します。また、実際に診断に至らずとも、根拠に乏しいチェックリスト類によって必要以上に不安が煽られたり、発達障害という自己暗示にかかってしまったりする問題があります。実体のないものが見せ掛けの実体を持ち、それが際限なく拡大されていく現象が「発達障害バブル」です。

では誰が、あるいは何が発達障害バブルを引き起こしたのでしょうか？「のび太・ジャイアン症候群」という造語でＡＤＨＤを日本に紹介した精神科医でしょうか？　確かに、書籍などで特定の障害がちょっとしたブームになるということが黎明期から繰り返されており、バブルの下地が作られてきたと言えるでしょう。しかし、それとは別に、歴史を決定付けることになった特定の事件があったのです。

## 小中学校の普通学級の６％が発達障害？

あれは完全に「事件」でした。マスコミも議員も教員も親も完全に騙されてしまいました。皆を欺いたそのウソは、今でも日本社会に呪縛となって残り続けています。それは教育の破壊でもあり、日本社会を大きく変えてしまいました。

事件が起きたのは、２００２年10月25日のことでした。文部科学省によって招集された特別支援教育の在り方に関する調査研究協力者会議が「今後の特別支援教育の在り方について（中間まとめ）」を発表しました。その報告書にはこのように述べられています。

本年文部科学省等が実施した『通常の学級に在籍する特別な教育的支援を必要とする児童生徒に関する全国実態調査』の結果から、ＬＤ、ＡＤＨＤ、高機能自閉症により学習や生活について特別な支援を必要とする児童生徒も６％程度の割合で通常の学級に在籍していることが考えられる。

プレス発表を受け、マスコミはセンセーショナルに報道しました。普通学級に在籍する６％もの子どもたちが、今で言うところの発達障害を抱えているという内容は相当にインパクトがあったからです。これは、各方面に大きな影響を与えました。当時、ＬＤ、ＡＤＨＤ、高機能自閉症（知的障害を伴わない自閉症。現在はＡＳＤに包含される）といった言葉に一般人は馴染みがなかったのですが、これを機に一気に知名度を高めることになりました。

さて、これのどこが事件だったのでしょうか？　むしろ発達障害への理解が深まった素晴らしい発表ではないかと思ったかもしれません。ところが、この発表には**悪質なウソ**が含まれていたのです。意図的で破壊的な論理の飛躍がそこに隠されていたのです。

この６％という数字の根拠となった「通常の学級に在籍する特別な教育的支援を必要とする児童生徒に関する全国実態調査」には、次のような留意事項がはっきり記されています。

本調査は、担任教師による回答に基づくもので、学習障害（LD）の専門家チームによる判断ではなく、医師による診断によるものでもない。従って、本調査の結果は、学習障害（LD）・ADHD・高機能自閉症の割合を示すものではないことに注意する必要がある。

「LDやADHDや高機能自閉症の割合ではない」という前提で調査されたのに、そこで割り出された6・3％という数値を基に、結論では「6％程度の割合と考えられる」となっています。科学を司るはずの文部科学省が、非科学的な報告書の発表を許してしまったのです。

報告書内では、LDやADHD、高機能自閉症の定義も記載されており、すべて「中枢神経系に何らかの要因による機能不全があると推定される」と説明されています。先天的脳機能障害と断定した表現ではないだけマシですが、これだと**6％の子が中枢神経系に問題を抱えているとしか受け取れない内容**になっています。

これこそまさしくカテゴリー4がカテゴリー1であるかのように扱われた典型例になります。後ほど説明しますが、この調査に使われたチェックリストは特定の専門家たちが勝手に作成したものであり、科学的根拠の乏しい「独自チェックリスト」に過ぎません。しかも、医師がそれを用いて結果を出したというのであればともかく、**何の知識もない担任教師に機械的に評価させただけ**であり、医学的根拠もまったくありません。

## 問題だらけの75項目のチェックリスト

実際に質問項目として使われたチェックリストを、そのまま引用して表組みにしました（図10）。読者の皆様もぜひ一度やってみてください。

質問項目は大きく三つの調査項目に分かれていますが、それぞれについては、このような説明が書かれてあります。

1．学習面（「聞く」「話す」「読む」「書く」「計算する」「推論する」）

米国の研究者におけるLDに関するチェックリスト（LDDI）、及び、日本の研究者におけるチェックリスト（LDI）（現在標準化中）を参考にして作成。

2．行動面（「不注意」「多動性－衝動性」）

米国の研究者によって作成された、ADHDに関するチェックリスト（ADHD-RS）を参考にして作成。

3．行動面（「対人関係やこだわり等」）

スウェーデンの研究者によって作成された、高機能自閉症に関するスクリーニング質問紙（ASSQ）を参考にして作成。

| | |
|---|---|
| 「不注意」「多動性ー衝動性」 | |
| | 学校での勉強で、細かいところまで注意を払わなかったり、不注意な間違いをしたりする |
| | 手足をそわそわ動かしたり、着席していても、もじもじしたりする |
| | 課題や遊びの活動で注意を集中し続けることが難しい |
| | 授業中や座っているべき時に席を離れてしまう |
| | 面と向かって話しかけられているのに、聞いていないようにみえる |
| | きちんとしていなければならない時に、過度に走り回ったりよじ登ったりする |
| | 指示に従えず、また仕事を最後までやり遂げない |
| | 遊びや余暇活動に大人しく参加することが難しい |
| | 学習課題や活動を順序立てて行うことが難しい |
| | じっとしていない。または何かに駆り立てられるように活動する |
| | 集中して努力を続けなければならない課題（学校の勉強や宿題など）を避ける |
| | 過度にしゃべる |
| | 学習課題や活動に必要な物をなくしてしまう |
| | 質問が終わらない内に出し抜けに答えてしまう |
| | 気が散りやすい |
| | 順番を待つのが難しい |
| | 日々の活動で忘れっぽい |
| | 他の人がしていることをさえぎったり、じゃましたりする |
| （0：ない、もしくはほとんどない、1：ときどきある、2：しばしばある、3：非常にしばしばある、の４段階で回答） | |
| 「対人関係やこだわり等」 | |
| | 大人びている。ませている |
| | みんなから、「○○博士」「○○教授」と思われている（例：カレンダー博士） |
| | 他の子どもは興味を持たないようなことに興味があり、「自分だけの知識世界」を持っている |
| | 特定の分野の知識を蓄えているが、丸暗記であり、意味をきちんとは理解していない |
| | 含みのある言葉や嫌みを言われても分からず、言葉通りに受けとめてしまうことがある |
| | 会話の仕方が形式的であり、抑揚なく話したり、間合いが取れなかったりすることがある |
| | 言葉を組み合わせて、自分だけにしか分からないような造語を作る |
| | 独特な声で話すことがある |
| | 誰かに何かを伝える目的がなくても、場面に関係なく声を出す（例：唇を鳴らす、咳払い、喉を鳴らす、叫ぶ） |

## 図 10　文部科学省等実施の「通常の学級に在籍する特別な教育的支援を必要とする児童生徒に関する全国実態調査」の質問項目

| 「聞く」「話す」「読む」「書く」「計算する」「推論する」 | |
|---|---|
| | 聞き間違いがある（「知った」を「行った」と聞き間違える） |
| | 聞きもらしがある |
| | 個別に言われると聞き取れるが、集団場面では難しい |
| | 指示の理解が難しい |
| | 話し合いが難しい（話し合いの流れが理解できず、ついていけない） |
| | 適切な速さで話すことが難しい（たどたどしく話す。とても早口である） |
| | ことばにつまったりする |
| | 単語を羅列したり、短い文で内容的に乏しい話をする |
| | 思いつくままに話すなど、筋道の通った話をするのが難しい |
| | 内容をわかりやすく伝えることが難しい |
| | 初めて出てきた語や、普段あまり使わない語などを読み間違える |
| | 文中の語句や行を抜かしたり、または繰り返し読んだりする |
| | 音読が遅い |
| | 勝手読みがある（「いきました」を「いました」と読む） |
| | 文章の要点を正しく読みとることが難しい |
| | 読みにくい字を書く（字の形や大きさが整っていない。まっすぐに書けない） |
| | 独特の筆順で書く |
| | 漢字の細かい部分を書き間違える |
| | 句読点が抜けたり、正しく打つことができない |
| | 限られた量の作文や、決まったパターンの文章しか書かない |
| | 学年相応の数の意味や表し方についての理解が難しい（三千四十七を300047や347と書く。分母の大きい方が分数の値として大きいと思っている） |
| | 簡単な計算が暗算でできない |
| | 計算をするのにとても時間がかかる |
| | 答えを得るのにいくつかの手続きを要する問題を解くのが難しい（四則混合の計算。2つの立式を必要とする計算） |
| | 学年相応の文章題を解くのが難しい |
| | 学年相応の量を比較することや、量を表す単位を理解することが難しい（長さやかさの比較。「15cmは150mm」ということ） |
| | 学年相応の図形を描くことが難しい（丸やひし形などの図形の模写。見取り図や展開図） |
| | 事物の因果関係を理解することが難しい |
| | 目的に沿って行動を計画し、必要に応じてそれを修正することが難しい |
| | 早合点や、飛躍した考えをする |
| （0：ない、1：まれにある、2：ときどきある、3：よくある、の4段階で回答） | |

| 「対人関係やこだわり等」 | |
|---|---|
| | とても得意なことがある一方で、極端に不得手なものがある |
| | いろいろな事を話すが、その時の場面や相手の感情や立場を理解しない |
| | 共感性が乏しい |
| | 周りの人が困惑するようなことも、配慮しないで言ってしまう |
| | 独特な目つきをすることがある |
| | 友達と仲良くしたいという気持ちはあるけれど、友達関係をうまく築けない |
| | 友達のそばにはいるが、一人で遊んでいる |
| | 仲の良い友人がいない |
| | 常識が乏しい |
| | 球技やゲームをする時、仲間と協力することに考えが及ばない |
| | 動作やジェスチャーが不器用で、ぎこちないことがある |
| | 意図的でなく、顔や体を動かすことがある |
| | ある行動や考えに強くこだわることによって、簡単な日常の活動ができなくなることがある |
| | 自分なりの独特な日課や手順があり、変更や変化を嫌がる |
| | 特定の物に執着がある |
| | 他の子どもたちから、いじめられることがある |
| | 独特な表情をしていることがある |
| | 独特な姿勢をしていることがある |
| (0：いいえ、1：多少、2、はい、の３段階で回答) | |

つまり、これらは簡易チェックリストを参考にして独自に作成したというレベルの代物です。「独特」「過度に」「難しい」など、非常にあいまいな表現が多用され、評価者のフィーリングに頼らざるを得ない質問項目が目立つことがわかるでしょう。不当な評価、偏見につながる差別的な質問項目もあり、まともな感性をした担任はこのような調査に協力することに苦しんだはずです。

「初めて出てきた語や、普段あまり使わない語などを読み間違える」という質問もありますが、初めて出てきた漢字を読める方がおかしくないでしょうか。「常識が乏しい」「大人びている。ませている」という質問も意味不明です。小学校1年生から中学3年生まで調査の対象なのですが、常識が乏しい小1も大人びた中3もアウトということでしょうか。「みんなから、『〇〇博士』『〇〇教授』と思われている（例：カレンダー博士）」という質問や「他の子どもは興味を持たないようなことに興味があり、『自分だけの知識世界』を持っている」という質問は、どう考えても才能のある子どもを否定してつぶしたいようにしか見えません。

## 独り歩きしてしまった数字

では、この調査項目を作成したのは一体誰なのでしょうか？　報告書には、「以下のメンバーから成る調査研究会により、対象や質問項目等について検討した」とあります（**図11**）。

また、報告書に責任のある調査研究協力者会議関係者（特別支援教育の在り方に関する調査研究協力者、障害種別の枠を超えた盲・聾・養護学校に関する作業部会、小・中学校等における特別支援教育に関する作業部会）のうち、児童精神科の専門家は上林靖子氏、市川宏伸氏、杉山登志郎氏でした。この3名は当時すでに児童精神科の第一人者と言える重鎮的な存在でした。

当然、このような調査項目による結果が、実際の発達障害の割合を示すはずがないことなど百も承知のはず。ところが、国という権威を笠に着て、あたかも発達障害の割合が6%と

図11　調査研究会のメンバー

| | | |
|---|---|---|
| 代表 | 大南英明 | 帝京大学 教授 |
| 副代表 | 草野弘明 | 聖母学院中学校・高等学校 校長 |
| | 上野一彦 | 東京学芸大学 副学長 |
| | 上林靖子 | 中央大学文学部 教授 |
| | 市川宏伸 | 都立梅ヶ丘病院 副院長 |
| | 渥美義賢 | 独立行政法人国立特殊教育総合研究所<br>情緒障害教育研究部長 |
| | 柘植雅義 | 文部科学省初等中等教育局特別支援教育課<br>特別支援教育調査官 |
| | 石塚謙二 | 文部科学省初等中等教育局特別支援教育課<br>特殊教育調査官 |
| | 東條吉邦 | 独立行政法人国立特殊教育総合研究所分室長 |
| | 廣瀬由美子 | 独立行政法人国立特殊教育総合研究所分室主任研究官 |
| | 花輪敏男 | 独立行政法人国立特殊教育総合研究所<br>情緒障害教育研究室長 |
| | 海津亜希子 | 独立行政法人国立特殊教育総合研究所<br>病弱教育研究部研究員 |

※出典：文部科学省「通常の学級に在籍する特別な教育的支援を必要とする児童生徒に関する全国実態調査」調査結果（肩書きは当時）

世間が確実に誤解するような発表をしてしまった（あるいはそれを故意に許した）のです。

一方で、当時日本児童青年精神医学会の理事長だった山崎晃資氏は、こう述べています。

調査研究協力者会議で議論されていた頃、発達障害の診断をするためには、乳幼児期の発達歴を詳細に調査し、面接や行動観察を繰り返すことが不可欠であることを文科省の調査官にはずいぶん説明したのですが、全部省かれてしまい、結局六・三％という数値が出てきたのです。

確かあの数値が出た直後、日本児童青年精神医学会に担当した調査官がきて報告したのですが、会場が騒然となり、六・三％に対するクレームが出ました。**要するに、安易な評価尺度を作って、学級担任が横断的に評価した結果であり、出現率でも有病率でもないものです。**

（『現代のエスプリ』２００７年２月「座談会　いわゆる軽度発達障害を精神医学の立場から再検討する」、太字筆者）

山崎氏の発言からもわかるように、これは明らかにおかしなことでした。ところが、この６・３％ないしは６％という数値はいつの間にか、発達障害の有病率であるかのように広がり、それ以降急速に進められることになったあらゆる発達障害支援の「根拠」とされてしまいました。この数字があったからこそ、巨額な予算がつけられ、法律が作られたのです。

数字をでっち上げることで架空の需要を作り上げ、対策の重要性を誇張し、政府から予算や支援を引き出すというのは精神医療業界のいつもの手口であり、このようなことは珍しくはありません。しかし、これはあまりにも影響が大きく、歴史に残る事件となってしまいました。

## 教育で解決すべき問題を精神医療に丸投げ

この質問項目およびその結果が教育現場にもたらした影響は破壊的でした。困難を抱え、教育的支援を必要とする児童生徒がどの程度いるのかという視点のみであれば何の問題もありませんでした。そこを発達障害と強引に結び付けたからおかしくなったのです。

少し考えたらわかることです。特にチェックリストの最初のパート（「聞く」「話す」「読む」「書く」「計算する」「推論する」）は、単に未熟なだけであったり、担任の教え方が不適切であったりした場合も、それに該当してしまいます。

まともな感覚を持つ教育者は、教育の問題は教育で解決しようと考えるでしょう。少なくとも、教育のプロという立場から最大限やれることを試します。うまく結果が出ていないのであれば、自分のやり方を見直し、修正しようとします。一方で、怠慢で不誠実な教育者は、問題が発生するとすぐに本人の資質の問題としてしまうかもしれません。現に自分の指導力不足を、子どもの生まれつきの脳の問題に転嫁してしまう教育者もいます。

しかし、勉強のつまずきの原因を見つけ、それを乗り越えさせるのが、本来教育者に求められている役目です。問題行動や勉強のつまずきには通常、原因があります。そもそも問題行動というのはあくまで周囲がそうみなしているだけで、子どもにとってはむしろ成長や発達に必要な行動だったり、理不尽な対応をされたことに対する正常な反応だったりするかもしれません。

「問題行動や学習上の困難がある → 本人の中枢神経系に何らかの問題があるに違いない」と考えるのはあまりにもひどい短絡思考であり、論理の飛躍です。その可能性はあるかもしれませんが、それは最後の最後に疑うべき可能性であり、順序が違うのです。

このチェックリストは、まさに教員をその短絡的思考へと陥らせました。そして、教員の視点を完全に変えてしまったのです。もう一度、**図10**（83ページ）の質問項目を見てみてください。いずれもプラス評価ではなくマイナス評価です。つまり、子どもたちにいかに優れた長所があるのかを見つけ出す道具ではなく、**いかに異常な点を見つけ出すかという視点でしかない代物**なのです。

その色眼鏡を通すと、本来「天才」「すばらしい個性」として評価されるべき特徴までも、脳に問題を抱える可能性があると映るようになっているのです。実際、大人よりもはるかに昆虫に詳しい「昆虫博士」は、一昔前だと友人や教員からも一目置かれる存在でしたが、このチェックリストに従うと、発達障害の可能性がある対象者になってしまうのです。**教員の視点は、いかに才能を伸ばすかではなく、いかに異常を見つけ出すかに変わった**のです。

また、このチェックリストやそれに基づいた「思想」（※あえてこう呼びます）は、質の低い教員の正当化を助長しました。指示に従わないのはＡＤＨＤに違いない、覚えが悪いのは学習障害に違いない、などと短絡的に考えるようになり、自分の指導力不足や自信のなさを覆い隠してしまいました。

実は、当時の現場は大混乱でした。突如、「特別支援教育」を旗印にした教育改革が始まると言われても、現場の人間にとってはよく分からないことだらけでした。そもそもADHDやら学習障害やら高機能自閉症やらと言われても、まったく理解できなかったことでしょう。

そんなときに、ただチェックリストが現場に持ち込まれたのです。それが抱える問題点など一切知らされることなく、単に偉い人が作ったから使えと言わんばかりでした。これが魔女狩りのような「発達障害児探し」へと発展しました。

6・3％という全国調査の結果を受けて、「クラスに三十人子どもがいたら二人か三人は発達障害児がいるはずだ！」となってしまったのです。完全に誤解であり迷信レベルです。まるで、「この村のどこかに魔女がいるはずだ」という前提で魔女狩りが始まるような戦慄する状況です。

その風潮に拍車をかけたのは、自治体レベルでの実態調査でした。いきなり特別支援教育が始まると言われても何をしたら良いかわからない自治体の教育委員会は、とりあえず**図10**の75項目のチェックリストを用い、まったく同じ手法で実態調査を行いました。中でも東京都は区市町村教育委員会を通して、わざわざご丁寧に悉皆《しっかい》調査（全数調査）を実施しました。当然としか言いようがないことですが、学校や自治体ごとにまったく違う結果が出ました。たとえば埼玉県教育委員会による調査（平成16年度）では、対象となる児童生徒が10・5％と出たのに対し、秋田県教育委員会による調査（平成18年度）では1・8％にとどまりました。

自治体が実態調査に右往左往する中、あきれた状況も発覚しました。全国調査（6・3％）の結果と比べてあまりにも下回った学校が、そんなはずがないと調査のやり直しを命じられたりしたのです。また、最初から該当者がクラスに2、3人となるように評価を調整したと告白する担任もいました。いかにこの調査が恣意的であり、**疫学的に何の価値もない**のかがよくわかります。

現場からは反対の声も出ました。2003年8月12日の毎日新聞東京本社版朝刊には、「東京都教委の学習障害調査『人権侵害』と保留　主観評価の項目多く」という見出しの記事が掲載されました。そこでは、校長や教諭の「質問項目が微妙で、全児童をこれで判断するのは問題だ」「家庭の事情で情緒が安定しない子もおり、中枢神経に問題があるとされるADHDなどの子とどう区別するのか」という声が紹介されていました。しかし、こういった懸念の声はほとんどかき消されていきました。

このようにして、教育現場には歪められた形で「発達障害」という概念が持ち込まれ、さらに歪んだ形で広がっていったのです。それは教育の破壊そのものでした。その結果、**教育で解決すべき問題も、専門家に丸投げしてしまうような風潮**が作られていきました。教員は、教育者としての責任とプライドをどんどん奪われていったのです。

## 問題が無視されたまま成立した発達障害者支援法

教育を切り口に知名度を高めた発達障害は、すかさず厚生労働行政と立法の世界に進出しました。厚生労働省は発達障害者支援に関する勉強会有識者メンバーを招集し、２００４年2月3日に第一回勉強会を開催し、議論を重ねていきました。

政治家たちも動き出しました。例の約６％という数字が多用されることで、政治家たちは緊急に対応すべき課題だとみなし、法整備をするための超党派の議員連盟を結成しました。その際に強力なロビー活動を展開していたのが、特定の当事者団体や親の会でした。

議員連盟は特定の団体と専門家にヒアリングを進め、最終的に議員立法という形で発達障害者支援法案が国会に上程されました。そして、２００４年11月24日の衆議院内閣委員会、同年12月1日の参議院内閣委員会でのわずか2日の審議であっさりと成立しました。それは非常に速い動きでした。

印象的だったのは、**議員もマスコミも賛成一辺倒だった**ことです。児童精神科医の石川憲彦医師は、そのような全体的一致について「発達障害者支援法の大政翼賛的な脅威」と述べています（『障害児を普通学校へ』№235・2005年3月7日発行より）。

議員の立場であれば、困難を抱えている人々に支援の手を差し伸べることに反対する人はいないでしょう。議員立法という本来の役割を果たすことでそれを実現するというのなら、積極的にそれを推し進めて当然でしょう。しかし、早期発見・早期支援をベースとした取り組みが、はたして本当に適切な支援に繋がるのかという視点から懸念の声を上げる人はほぼ皆無でした。

「ほぼ」と表現したのは、国会の審議の中でわずかに声が上がっていたからです。本当は法案が固まる前の段階でこういう声が多く出てくるべきでした。十分に根回しされた最終局面での懸念の声など、形式的なポーズに過ぎないからです。それでも、まったく何も声が上がらないよりははるかにマシでした。診断と投薬に対する懸念（レッテル貼りと薬漬け）、脳の機能障害とする表現への懸念、6・3％という数字の根拠となった調査項目への批判などが出てきましたが、それに対する答弁を改めて検証することもできるからです。

たとえば、科学的根拠のない「脳の機能障害」という文言が発達障害の定義の中に入った理由については、立法者の立場から答弁した福島豊衆議院議員（当時）の発言を読めばよくわかります。内科医でもあった福島議員は、自身の子どもが自閉症であったことから、法成立を先導していた中心人物でした。

○衆議院議員（福島豊君）　先生の御指摘について、立法者の立場からこれ是非コメントをさしていただいた方がいいと思いますので、発言をお許しいただきたいと思います。

一つは、脳の障害であるということについて確立されていないのではないかと、こういう御指摘であろうかというふうに思います。

自閉症にしましても注意欠陥多動性障害にしましても、現在の様々な精神医学的な、また神経科学的な研究ではその機能の異常というものが指摘をされている、それが私は共通の認識だろうというふうに思います。ただ、しかしながら、確定をしていないというのは、その原因が一体どこにあるのかということについてはそれを確定するまでには至っていないけれども、ただ、画像で見れば、例えば脳の様々な代謝の状態でありますとかそういうものに変化が見られる、これも一つの所見でありますし、脳波の異常も往々にして合併することもあると、そしてまた様々な病理学的な診断におきましても、これもまた知見が様々なんでありますけれども、いろいろなことが報告されております。ですから、研究者の共通する認識は、何らかの機能的な障害がベースになってこういうことが起こってきているということではないかと思います。

ただ、問題は、その何らかの機能的障害というのが一体どこなのかということについてはまだ諸説があって確定するに至っていないと。ですから、まあ推定されるという言い方になるわけでありますけれども、しかしこのことは、研究者の間で大方のコンセンサスとして何らかの障害があると、機能的な障害があるということを否定するものではないと私は理解しておりますし、そうした考え方に基づいて本法案における提案をさしていただいた。

○衆議院議員（福島豊君）
先ほど神本先生の御質問にもお答えさしていただきましたが、この東京都教育委員会の文書のその読み方の問題というのが私はあると思います。機能障害だと、こういうふうに明確に言うためには、どこそこの機能がこう障害されていますねというところまで解明されないと、なかなかストレートには言えないということだと思います。

ただ、様々な、どこが障害されているのかということについては諸説があります。その諸説はいまだ仮説であると、この指摘は多分正しいと思います。ただ、裏返して考えると、こうした様々な行動上の特性でありますとか、例えばコミュニケーション上の障害とか、こういうのが表れてくるのは、その人が例えば親の育て方がこうだったからこうなったんですよということではないと。この本法案で脳機能の障害であるということを条文上書いたのは、裏返して言うと、そういう後天的な育て方であるとかなんとかというようなことでそうなっているのではなくて、むしろその本来の脳の機能の障害、まあこれは特定をされるに至ってはおりませんけれども、傍証は様々に出てきておりますけれども、そういうものに由来するものであるからこそ、そうしたことに早く気付き、支援をすることが大切であると、そういう観点からこの定義のところではこのような表現をしたわけであります。

（平成16年12月1日参議院内閣委員会議事録、傍線筆者）

この答弁からわかるのは、脳の機能障害という文言が、科学的ではなく政治的に決められたということです。大義名分があれば、科学的に正しくない表現を用いても良いとも受け取れます。複数の議員からの疑問に対しても返答にならない答弁でしのぎ、表現を改めることなくそのまま決定したという経緯がこの議事録からわかります。

発達障害者支援法の問題は、早期発見が何よりも優先される**早期発見至上主義**に陥ってしまったことです。本来診断されるべき人々が診断されていないこと（過小診断）ばかりが問題視され、**誤って診断されてしまう過剰診断や不当なレッテル貼り、それに伴う不必要な向精神薬投与などの問題はほぼ無視**されました。当時はうつ病キャンペーン全盛期であり、**デ**

**タラメなチェックリスト診断、安易な投薬、薬漬けが横行していた精神医療現場**の質を考慮すると、今後起こり得る未来は十分に予測できたはずです。

なお、発達障害者支援法成立直後、複数の特定団体が発達障害に関する全国組織を立ち上げる準備を始め、２００５年12月に**「日本発達障害ネットワーク」**として設立されました。中心人物であったのは発達障害者当事者ではなく、ある児童精神科医でした。同団体の二代目代表の田中康雄医師および三代目代表（現理事長）である市川宏伸医師です。

## 製薬会社の参入

日本では長らく、発達障害について正式に承認された薬はほぼありませんでした。オーラップ（一般名：ピモジド）という薬が１９８２年に「小児の自閉性障害、精神遅滞に伴う行動異常」に対して適応追加を取得したくらいであり、ＡＤＨＤに対して承認された薬はありませんでした。そのため、リタリン（一般名：メチルフェニデート）が適応外処方として使われていました。上林靖子医師や市川宏伸医師も、リタリンに効果があると公言し、そのような発言が報道でも取り上げられていました。

患者団体、親の会、児童精神科医らは、リタリンを製造販売するノバルティス社に対し、ＡＤＨＤへの効能追加の申請をするよう度々要請しました。しかし、同社がそれに応じることはありませんでした。その本当の理由は社内関係者にしかわからないことでしょうが、単純に利益よりもリスクの方が大きくなると判断したのでしょう。リタリン自体は米国をはじめ世界中で広くＡＤＨＤに使用され、日本国内ではナルコレプシーやうつ病に限定して使われてきました。ところが、国内では若者を中心に乱用が広がっていました。

普通の抗うつ薬が効かないような難治性うつ病などに限定して処方するというのが本来の使われ方ですが、日本ではリタリンを安易に処方する精神科医のせいで、リタリンに依存してしまう患者が増えたのです。

覚せい剤と同じ中枢神経刺激薬であるリタリンには、即効性と強力な作用があるため、薬の切れる不安と苦しみから逃れるためにさらに薬を渇望するという依存から抜けられなくなる患者が増えました。リタリンを求めてドクターショッピングするのはもちろん、違法売買や処方せん偽造、窃盗にまで手を出すほど追い詰められた患者が後を絶ちませんでした。

２００６年から２００７年にかけて、**リタリン乱用は大きな社会問題となり、安易に処方していた精神科クリニックの摘発も相次ぎました。**

そしてついに２００７年10月26日、**リタリンの効能からうつ病が削除**されました。しかし、同じ日に、リタリンと同じメチルフェニデートを成分とする新薬「コンサータ」が小児期におけるＡＤＨＤに対する効能を取得し、その製造販売が承認されました。

コンサータは徐放剤（有効成分を徐々に放出するよう工夫された製剤）であるため、リタリンよりも乱用の危険性が少ないとされましたが、承認の条件として厳しい特別な流通管理が義務付けられました。製造販売元であるヤンセンファーマ社にとっては誤算だったとは思われますが、とにかくこれで製薬会社が発達障害業界に参入することになったのです。

先行するコンサータが厳しい流通管理下に置かれたことは、後を追う形になった日本イーライリリー社にとって僥倖でした。２００９年４月22日、ストラテラ（一般名：アトモキセチン）もコンサータ同様、小児期におけるＡＤＨＤに対する効能を取得し、製造販売が承認されました。

ストラテラは麻薬及び向精神薬取締法における指定対象にもならず（※コンサータは第一種向精神薬指定）、当然コンサータのような厳しい流通管理は必要とされませんでした。その強みを利用し、日本イーライリリー社は一気にストラテラの売り込みをかけました。

手法はうつ病キャンペーンとまったく同じです。薬そのものを宣伝するよりも効果的なのは、**ひたすら患者を掘り起こすこと**です。そこで、製薬会社は「**啓発**」に力を入れました。ホームページ開設や啓発冊子の作成、教員や保護者向けのチェックリスト開発、意識調査の発表などを展開し、事あるごとにプレス発表やプレスセミナーの開催などをしてきました。

その際に重宝したのが**特定の専門家**でした。特定の専門家に監修を依頼し、プレスセミナーの講師として招きました。その筆頭格がやはりここでも市川宏伸医師でした。

コンサータもストラテラも順調に販売を伸ばしていきました。18歳未満に限定されていた適応が成人にまで引き延ばされたことで、さらにその動きが加速されました。2012年8月24日にはストラテラが成人期のADHDに対する適応追加の承認を取得し、2013年12月20日にはコンサータも同様の承認を得ました。

コンサータとストラテラの寡占状態だった市場の勢力図が変わってきたのは2017年です。同年1月25日、塩野義製薬と大阪府は「子どもの未来支援」に関する事業連携協定を結び、そこそこ大きなニュースとなりました。製薬会社と行政が手を取り合って発達障害児・者支援を進めていくという異色の出来事でした。

なぜ直接関係のない領域に塩野義製薬が参入したのだろうか、という疑問はすぐに解消されました。両者共催による発達障害シンポジウム（2017年4月7日）を直前に控えた3月30日、小児期のADHDの適応で、塩野義製薬はインチュニブ（一般名：グアンファシン）の製造販売の承認を取得したからです。

塩野義製薬の攻勢は止まりませんでした。シンポジウム開催直後の4月13日、次なるADHD新薬の承認申請をしたと発表しました。その薬が、後に物議をかもすことになるビバンセ（リスデキサンフェタミン）です。その後も塩野義製薬は大阪府だけでなく、滋賀県（2018

年2月14日）、さぬき市と東かがわ市（同3月7日）、広島県（同3月16日）、岩手県（同5月22日）とも連携協定を結び、各地で啓発活動という名の市場開拓を行っています。その後ビバンセは２０１９年３月26日に小児期のＡＤＨＤの適応で製造販売の承認を取得（ただし販売開始は同12月３日）、インチュニブも２０１９年６月18日に成人期のＡＤＨＤに対する適応を取得しました。

なお、塩野義製薬はシャイアー社と共にインチュニブとビバンセの共同開発をしてきましたが、武田薬品がシャイアー社を買収したことで、武田薬品が両製品のプロモーションに関わるようになっています。また、ストラテラの後発品（ジェネリック）が２０１８年12月より市場に出回るようになりました。後発品の製造販売には国内のジェネリック医薬品メーカーのみならず、大手のファイザー社も含まれています。

ＡＤＨＤ以外の分野も開拓されてきました。ヤンセンファーマ社が製造販売する抗精神病薬リスパダール（リスペリドン）は２０１６年２月29日に、大塚製薬が製造販売する抗精神病薬エビリファイ（アリピプラゾール）は２０１６年９月28日に、いずれも「小児期の自閉スペクトラム症に伴う易刺激性」の適応追加承認を取得しました。

製薬業界から見たら、発達障害界隈はまだまだ市場価値が高いと言えます。外資系、国内大手、ジェネリック系の企業が次々と参入している今、まだまだ発達障害バブルは収束が見えません。

## 薬を大量処方する精神科医

製薬会社は、モノアミン仮説を前面に出すことで薬の有効性を説明しています。仮にですが、ドーパミンが足りないことが発達障害の原因であり、その分泌を促すことで症状が改善されるという仮説が本当に正しかったとしましょう。だからといってコンサータやビバンセのような薬を飲むことが最善とは限りません。

なぜならば、**それらの薬はドーパミンの生産量自体を増やすわけではない**からです。生成したドーパミンが再び体内に吸収されてしまうのを邪魔することで、一時的にシナプス（神経と神経のつなぎ目）中のドーパミンの量を増やすという半ば強引な手法です。

服用者の中には、コンサータを**「元気の前借り」**と表現する人もいます。その表現はかなり的確です。前借りをすると一時的にその場はしのげますが、その反動として薬が切れたときに疲労や落ち込みに苛まれる人もいます。薬は借金のようなものです。

借金をしたら一時的に金が回るようになりますが、収入自体が増えているわけではありません。収入を増やす努力をしないまま、借金頼りのやりくりを続けていると、いずれ自分で収入を作り出すこともできなくなり、借金が負債となって重くのしかかります。

薬には耐性があるので、以前と同じ量では効かなくなってしまいます。わかりやすいのは睡眠薬です。同じ量では眠れなくなるので、薬の量と種類をどんどん増やしていき、出口のない多剤大量処方に追い込んできたのが日本の精神科医です。その姿はまるで悪質な闇金業者です。彼らは窮状につけこんで無責任に借金だけさせ、出口のない債務地獄に追い込み、多くの人生を奪いながらもその結果に責任を取ることなどありません。

私が問題視しているのは薬自体ではなく、**一部の専門家（発達障害を診る精神科医、小児科医、小児神経科医など）たちが闇金業者まがいのことをしている**ことです。

薬を処方する際には、副作用などのデメリットも含めて丁寧に説明し、理解と同意を得るというインフォームドコンセントが基本中の基本とされていますが、**何の説明もされないまま、薬以外の選択肢を提示されることなく単に薬を処方**されたという経験のある人は山ほど存在します。3歳の幼児に対し、初診でADHDと診断し、親に一切説明することなく、6歳未満に安全性が確かめられていないストラテラを処方するような専門家も存在するのです。

厚生労働大臣による「良質かつ適切な精神障害者に対する医療の提供を確保するための指針」（2014年4月1日より適用）では、基本的な考え方として「精神医療においても、インフォームドコンセント（医師等が医療を提供するに当たり適切な説明を行い、患者が理解し同意することをいう。以下同じ。）の理念に基づき、精神障害者本位の医療を実現していくことが重要」と明確に示されています。つまり、精神科だけ特別にインフォームドコンセントが不要などということは一切ありません。

薬は確かに一時的にある作用をもたらします。しかし、当然副作用は避けられません。特に脳に直接作用する薬は重篤な副作用も珍しくありません。人には個体差があり、同じ量の同じ薬が皆に同じ作用をもたらすとは限りません。ましてや脳が発達する段階の子どもたちにこのような薬を長期間服用させることでどんな影響があるのかなど、誰も予測できません。

子どもの発達障害の場合、ずさんで安易な投薬をする専門家が一定数存在するものの、**薬物治療は第一選択ではないという考えが世界でも国内でもスタンダード**になってきているため、まだブレーキがかかる余地はあります。

ところが、大人の発達障害（特に薬物治療が認められているＡＤＨＤ）の場合、薬物治療のハードルは低くなっています。

儲け主義の質の低い医療機関ほど、簡単に診断を下し、安易に投薬をします。なぜならばその方が儲かるからです。お手軽なチェックリスト診断によって労力をかけずに簡単に顧客を獲得できます。また、コンサータのように作用の強い薬は、患者に「薬が人生を変えてくれた」という感覚をもたらすので、患者を診断名と薬に依存させることも容易にできます。

ちなみに、コンサータの製造販売元であるヤンセンファーマ株式会社から医薬品医療機器総合機構に提出された医薬品リスク管理計画書（２０１９年11月28日付）には、【重要な特定されたリスク】として、以下が挙げられています。

・心血管系への影響（高血圧／頻脈）
・精神病性の症状（幻聴、幻視、躁症状等）
・体重および身長の増加抑制（小児）／体重減少（成人）
・易刺激性／攻撃性／敵意
・うつ病
・依存性（薬物乱用、薬物依存、離脱症候群等）
・肝不全、肝機能障害

同機構によると、【重要な特定されたリスク】の定義は「医薬品との関連性が十分な根拠に基づいて示されている有害な事象のうち、重要なもの」とあります。さらには、「重要なもの」とは、「ヒトにおいて発現した場合に重篤である、又は高頻度に発現するなどの理由から、当該医薬品のベネフィット・リスクバランスに影響をおよぼしうる、又は保健衛生上の危害の発生若しくは拡大のおそれがあるようなもの」と説明されています。

つまり、コンサータを服用するのであれば、これらのリスクについて考慮する必要があるのです。ＡＤＨＤ治療のはずが、副作用として「易刺激性／攻撃性／敵意」が発現し、症状が悪化する可能性は十分にある上、治療の結果、薬物依存に陥る危険性もあります。

「薬は借金」とは言いましたが、それはあくまでも副作用が出ない場合のたとえ話です。借金の場合は少なくとも使える現金が一時的に入ってくるメリットはあります。しかし、薬の場合は、もし副作用が出たら、薬の一時的な恩恵を受けることもなく、ただ危害だけ加えられる結果に終わる可能性もあるのです。お金を借りに行ったら強盗に遭うようなものでしょう。

## 発達障害業界トップがついたウソ

新規抗うつ薬が承認されてうつ病キャンペーンが広がるや、うつ病アカデミーが結成され、翌年に日本うつ病学会へと昇格したという流れを第二章で説明しましたが、これとまったく同じことがＡＤＨＤの界隈でも起こりました。国内初となる抗ＡＤＨＤ薬であるコンサータが承認された直後の２００８年５月、日本ＡＤ／ＨＤ研究会が設立されました。翌年には研究会から学会へと昇格し、日本ＡＤＨＤ学会となりました。

当然、**学会の背後には製薬会社が存在**していました。２０１０年3月に開催された日本ＡＤＨＤ学会第１回総会のプログラムには、スポンサードセミナー（ヤンセンファーマ株式会社）、イブニングセミナー（日本イーライリリー株式会社）という表記がありました。

皮肉にもその開催直後の同年6月20日、国連児童の権利委員会が日本政府に対してこのように勧告しました。

「……委員会は、締約国がＡＤＨＤの診断数の推移を監視するとともに、この分野における研究が製薬産業とは独立した形で実施されることを確保するよう勧告する」

ＡＤＨＤの薬が承認されるや患者数が急増するという現象は先行する国々で観察され、問題視されていたことがこの勧告の背景にあります。

さて、ＡＤＨＤ学会はこの勧告に対してどう対応したでしょうか。答えは「完全に無視」でした。もっとも、あくまでも政府に対する勧告であって、従わないと罰せられるものでもありません。結局、ＡＤＨＤ学会は引き続き製薬会社と深い関係を維持して現在に至ります。

うつ病キャンペーンで業界トップが無責任な態度を示していたのと同じく、ＡＤＨＤ界隈でも業界トップの信じ難い無責任な態度が浮き彫りにされました。その人物とは、日本ＡＤＨＤ学会二代目理事長（２０１０年4月～２０１６年3月）を務めた市川宏伸医師です。

市川宏伸医師は、発達障害バブルの起爆剤となった例の75項目のチェックリストを作成した中心人物であるだけではなく、発達障害支援に関する勉強会有識者メンバー（２００４年２月３日〜）、発達障害者支援に係る検討会委員（２００５年1月18日〜）、「子どもの心の診療医」の養成に関する検討会委員（２００５年3月16日〜）に招集され、発達障害者支援法の成立と施行に関わった中心人物です。そして前述した通り、当事者団体の全国組織である日本発達障害ネットワークの代表も長年務めています。その上で児童精神科領域の学会である日本児童青年精神医学会の理事長（２００７〜２００９年）を務め、日本ＡＤＨＤ学会の理事長までも就任し、発達障害界隈のあらゆる領域に影響力を持つ、トップ中のトップという地位を確固たるものにしました。

市川医師が都立梅ヶ丘病院の職員であった頃は、都の規程によって製薬会社から講演料などを受け取ることに制限がありました。梅ヶ丘病院が２０１０年３月より都立小児総合医療センターへと統合されることになり、同センター顧問という非常勤職員の立場になると、市川医師は堂々と金銭を受け取るようになりました。もちろん、受け取ってはいけないという決まりはありませんし、何ら違法なことでもありません。ただ、私の関心は**周囲がそれをしっかりと理解しているかどうか**ということでした。

というのは、**「利益相反」**という概念がこの世界では大きな問題となるからです。製薬会社から金銭を受け取ることは医師として個人的な利益になりますが、それによって誘導される結果が患者にとっての利益と合致するとは限らず、時には相反することもあるのです。

そこで重要になってくるのが**情報の透明性**です。たとえば、薬が著効するなどと書かれてある論文やガイドラインの執筆者が、実は該当する薬の製造販売元から巨額の金を受け取っていたとなれば、受け手はそこを考慮して話半分に聞くことになるでしょう。その事実が隠されていた場合、後で発覚すると騙された気分になります。だからこそ変に勘繰られたりすることも防ぐために、金銭の授受は透明にしましょうというのが世界的な流れなのです。

私が気になったのは、東京都が発行した『発達障害者支援ハンドブック２０１５』に寄稿された市川医師のコラムで、抗ＡＤＨＤ薬の副作用を軽視するような表現があったことでした。

私は当時、製薬会社が医師や学会などに支払った金銭について自主的に情報開示を始めていたので、市川医師や彼が理事長を務める日本ＡＤＨＤ学会が、抗ＡＤＨＤ薬を製造販売する製薬会社からどのくらいの金銭供与があったのかすでに把握していました（**図12**）。

しかし、同ハンドブックには利益相反に関する情報が一切記載されておらず、読者が正しく情報を評価できない状態でした。また、そもそも市川医師に執筆を依頼した東京都自体、市川医師の情報を把握していないのではないかと疑いました。

そこで私は公開質問状を東京都に提出し、一つ一つの疑問について確認する作業を行いま

図12　抗ADHD薬の製造販売会社から
日本発達障害ネットワーク理事長への金銭供与

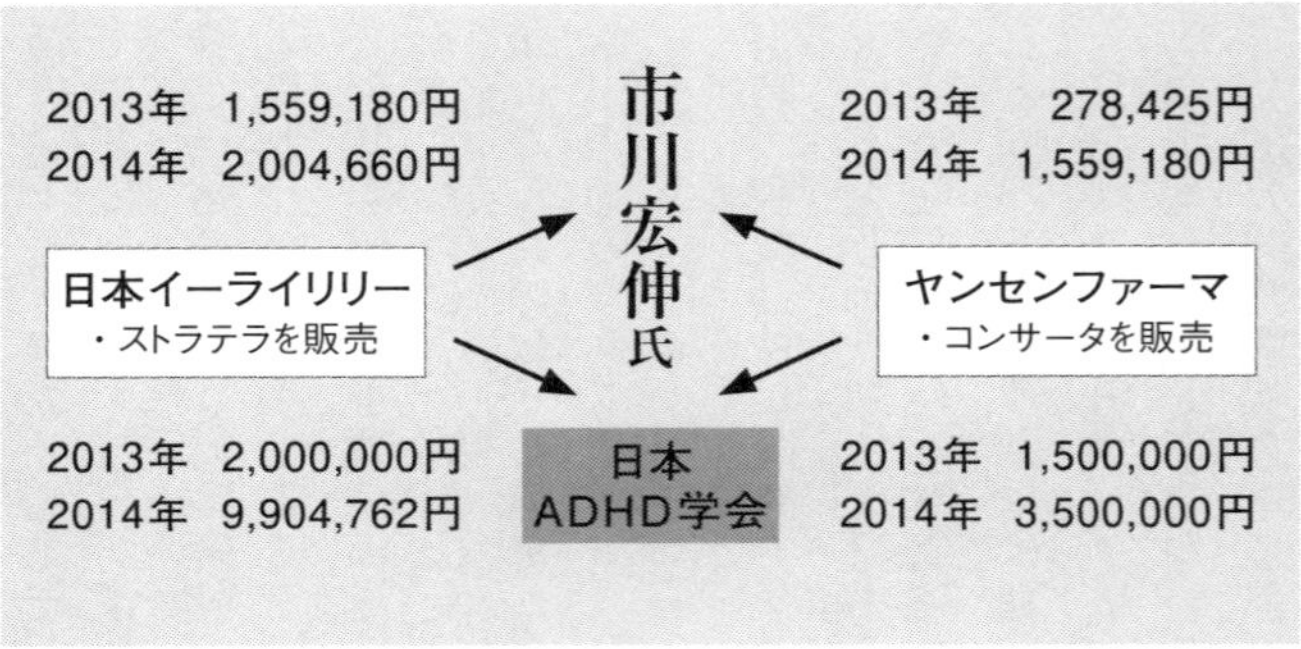


※市川氏への金銭供与は講師謝金、監修・原稿執筆料、コンサルティング等業務委託料の合計。

した。すると、そこから市川医師によるウソと違反が発覚しました。詳細は省きますが、その一連のやり取りで、市川医師は東京都に対する申告義務に違反し、製薬会社からの金銭供与について適切に報告していないことが明らかになったのです。この事実は東京都議会や新聞報道でも取り上げられました。

東京都の回答は、「利益相反の申告の誤り等については、故意ではないが、必要な手続きが行われていないことは遺憾である」と、故意ではない単なる手続き上のミスであり、そこまで目くじらを立てて追及するような話ではないような口ぶりでしたが、それは大きな間違いです。当時、市川医師は薬物治療ガイドライン（平成26年度厚生労働科学研究費「発達障害を含む児童・思春期精神疾患の薬物治療ガイドラインの作成と普及」）作成メンバーであり、この研究に関連して、虚偽報告をしていました。その疑惑に対する私からの追及を避けるために市川医師は稚拙なウソを重ね、東京都が私に対して誤った回答をする結果となりました。その点においても悪質でした。

市川医師が厚生労働省に提出した申告書の写しを情報開示して取り寄せたところ、彼は厚生労働省に対しても虚偽報告をしていることがわかりました。申告書内「5・利益相反の管理」において、管理の必要性の有無をチェックする箇所があるのですが、そこには「無」の方にチェックが入っていました。研究テーマであるADHDの薬物療法について、その薬を製造販売する製薬会社から年間100万円を超える金銭を受け取りながら、そのような申告をしたのは、意図的にウソをついたのか、研究者として致命的なまでの無知であるのかどちらかになります。

いずれにせよ研究者失格です。なぜならば、これは**薬物治療ガイドライン作成のための研究であり、通常の研究よりも利益相反管理について神経を尖らせる必要があるから**です。製薬会社からカネを受け取っていること自体が悪いのではなく、それを隠したことが悪質なのであり、それはガイドライン全体の信用に関わる大きな問題なのです。

違反発覚後、市川医師は申告書を訂正して再提出しましたが、ガイドライン作成メンバーから外されました。この件で市川医師は東京都立小児総合医療センターを自主退職しましたが、業界の一線を退くことなく今でも強い影響力を持ち続けています。それは、関係者が市川医師の虚偽申告など大した問題ではないと考えている表れでもあります。

ちなみに、公開されている最新情報によると、市川医師は２０１８年（1月1日〜12月31日）にヤンセンファーマ社から講師謝金、原稿執筆料・監修料、コンサルティングなど業務委託費で合計１３０万３０２９円を受け取り、日本イーライリリー社からは合計33万４１１０円を受け取っています。

# 第四章　被害に遭う子どもたち

## 早期発見・早期支援の落とし穴

病気や障害は早期に発見し、早期に専門家に繋ぎさえすれば、正しい診断と適切な支援につながるはずだと何の根拠もなく信じている人々がいます。これを私は**「早期発見至上主義」**と呼んでいます。彼らは、早期発見のための検査であれば無条件にやるべきだと本気で信じています。

この早期発見至上主義者が完全に見落としていることがあります。それはその結果どうなるのかという現実的な視点です。どんな検査や診断でも１００％正しいとは限りません。特に、**早期発見のための簡易検査などは、その検査精度や実施対象によっては弊害の方が大きくなる可能性があります。**

検査が有用かどうかという問題は、２０２０年に世界中を襲った新型コロナウイルス騒動でも話題になりました。ウイルスに感染しているのかどうかを確かめる検査（ＰＣＲ検査）は、無条件にどんどん実施していけばいくほど良いように思えます。実際、初期の頃はそのような声が多く出ました。ところが、もしも無条件に実施すればかえって問題が大きくなることに人々は気付きました。検査は万能ではなく、陽性の人を誤って陰性と判断する見落とし（偽陰性）や、陰性の人を誤って陽性と判断する混入（偽陽性）が一定確率生じてしまうことがあるからです。

もしも検査が一つのエラーもなく100％正しい結果を出せるのであれば、無条件に検査対象を広げても（病院の受け入れ能力を考慮する限り）大丈夫でしょう。しかし、そんな検査などありません。勝手に検査が万能だと思い込み、検査結果を妄信するようなことはかえって人々を危険にさらすことになるのです。**検査はその性質や精度を考慮し、対象や条件を絞ってこそ有益になる**のです。

発達障害の早期発見の検査では、カテゴリー3を選定するための簡易チェックリストが使われます（67ページ**図9**参照）。何度も説明している通り、これは身体疾患を早期発見するための検査とはまったく異なります。身体疾患の場合は物理的に存在するものを指標として検査ができます。また、診断自体も客観的であるため、検査結果と診断の一致率を比較することで検査精度を正しく評価することができます。

一方、発達障害の場合は、診断自体に客観性がなく、「正しい診断」が存在しない以上、簡易チェックリストによる検査の精度は正しい診断との比較ではなく、あくまで診断する医師の主観との一致率になります。そして、検査自体がやはり主観的であり、検査を実施する人の知識や経験、視点などによって結果は大きく変化するのです。

つまり、**発達障害の早期発見検査など非常にいい加減**なのです。実際、総務省による「発達障害者支援に関する行政評価・監視　結果報告書」（平成29年1月総務省行政評価局）には「乳幼児健診及び就学時健診における発達障害の発見の取組状況」として、「市町村ごとの発見割合をみると、1歳6か月児健診で0・2%から48・0%まで、3歳児健診で0・5%から36・7%までとかなりの幅がみられ、発達障害が疑われる児童の発見割合は、市町村ごとにかなりのばらつきがある状況がみられた」と報告されています。

これほどばらつきがある検査には問題があることは誰でもわかるでしょう。そもそも、発見割合が48%や36・7%にもなる市町村があるというのは大問題ではないでしょうか。私もそう思います。ところが総務省はそう受け取りませんでした。

「厚生労働省の研究において、幼児期の広汎性発達障害の有病率が1・6%と推計されていることからみて、1歳6か月児健診で発達障害が疑われる児童の発見割合が1・6%を下回る4市町村、同じく3歳児健診で1・6%を下回る3市町村については、発達障害が疑われる児童の発見が漏れている可能性が高いと考えられる」

「発達障害児の診断を行っている有識者からも、発見割合が1・6%を下回る市町村は発達障害が疑われる児童の発見が漏れている可能性が高いとの見解が示され、また、その要因について、発達障害が疑われる児童の把握の仕方が市町村によって異なること、保健師の経験や専門性の違いが指摘された」

このように、1・6%を下回った市町村の検査の方のみが問題視され、48%という数字はお咎《とが》めなしということです。

そもそも「幼児期の広汎性発達障害の有病率が1・6％」という数字ほどあてにならないものはありません。正しい診断がない以上、本当の有病率など誰も算出できるはずがないからです。発達障害と診断された人の割合というのは算出できますが、それは発達障害の割合のことではありません。1・6％より低いはずがないと考えるのは、75項目のチェックリストによる全国調査が算出した6・3％という数字よりも低いのはおかしいとみなすのと同じ、魔女狩り的な発想です。

たとえ検査に問題があったとしても、その後繋がれた先の専門家に詳しく確かめてもらうことになるのだから、そこで該当しない人はちゃんとはじかれるから問題がないはずだと考える人もいます。

しかし、それは完全な誤りです。「正しい診断」など存在しないこの発達障害領域では、**専門家によって正しく除外される保証などありません。**

## デタラメな専門家による深刻な被害

最も重要なことは、**一定数のデタラメな専門家が存在し、深刻な被害を作り出している事実が完全に無視されている**ということです。たとえば、保健師であれ教員であれスクールカウンセラーであれ、早期診断のために子どもを専門家に繋げた人が、「専門家の中にはいい加減な診断や治療をする人もいるから気を付けてください」などと注意喚起するのを見たり聞いたりしたことがあるでしょうか。私が知る限りありません。

「そのような悪質な専門家は例外的なごく一部で、ほとんどの専門家は善良的だから偏見を招くようなことを言うな！」と文句をつけてくる人もいます。私は決してごく一部の例外的問題とは思いませんが、たとえそうだったとしても注意喚起しない理由にはなりません。

そもそも論になりますが、早期検査、早期発見、早期診断というものは、適切な治療や支援に繋がる環境があって初めて有効になるということに注意する必要があります。**その環境を整えず実施した場合は、やらない方がはるかにマシ**という状況にもなるからです。

発達障害領域では、支援が強調されるあまり、早期発見至上主義や検査万能主義、専門家信仰に陥り、不利益が一切無視されています。少なくとも、本来は以下の点が考慮されなければなりません。

・発達障害早期発見検査はどこまで信頼できるのか？
・発達障害早期発見検査で誤って判定されることによって生じる不利益はどの程度か？
・発達障害診断はどこまで信頼できるのか？

・誤って発達障害と診断されることによって生じる不利益はどの程度か？
・質の低い専門家に繋がってしまうリスクはどの程度か？
・ずさんな診療、特に不要な薬物治療による被害はどの程度か？　回復可能なのか？
・被害に遭ったときに何らかの補償などは見込めるのか？
・診断されたとして、適切な治療につながる保証があるのか？
・治療について十分に選択肢が示され、強制や制限されることなく自由に選択できる状況なのか？
・支援体制の不備や不適切な支援（発達段階を無視した療育など）によって状況を悪化させるリスクはどの程度か？
・支援についても同様、十分に選択肢が示され、強制や制限されることなく自由に選択できる状況なのか？
・支援が逆に将来の制限、差別、社会的不利益につながるリスクはどの程度あるのか？

私個人の意見ですが、日本における発達障害者支援制度や精神医療の現状を考慮すると、現体制における早期発見・早期支援はむしろ有害だと判断せざるを得ません。これは、早期発見・早期支援によって利益を享受する人は一人もいないという意味ではありません。想定されていない、あるいは意図的に無視されている不利益があまりにも大きいという意味です。

困難を抱える子どもや家庭が存在するのは間違いありません。適切な支援は不可欠です。早期に適切な支援につなげるということも重要でしょう。しかし、それは**適切な手法でなければ支援どころか危害になる**のです。善意だから良いということにはなりません。不利益が一切考慮されていない以上、現行の手法が正しく評価されていないことは明白です。早期に専門家につなげることで、正しい診断と適切な支援につながるはずだというのは、単なる思い込みに過ぎません。

## 貼られたら剝がせないラベル

新品のスマホを購入したときに、画面を保護するためのフィルムを貼り付けたことのある人も多いかと思います。もしもこの保護フィルムの粘着力が異常に強く、貼った瞬間に接着してしまうとしたらいかがでしょうか？　一度貼られてしまうと剝がすのに気の遠くなるほど時間がかかり、画面を傷つけてしまうというのなら、ものすごく慎重になって貼るのが普通でしょう。

さらに、その保護フィルムは貼ってから不具合に気付く可能性があるとしたらいかがでしょうか？　スマホが操作できなくなってしまったり、画面が見えなくなってしまったりしていたら意味がありません。そうだとしたら、保護フィルムをあえて貼らないのも賢明な選択肢となり、保護フィルムを貼る以外の方法で画面やスマホ本体を守ろうとするようになるかもしれません。

発達障害のラベルも似たようなものです。もしかしたら周囲は本人を保護するためにラベルを貼ってあげよう（＝診断をしてあげよう）としているのかもしれません。ところが、雑にラベルを貼ることは、本人を保護するどころか取り返しのつかない損傷を与えてしまう可能性があります。

大雑把で適当なチェックリスト診断をするような医師、初診ですぐに診断を下すような医師、同じような症状を引き起こす可能性のある身体的症状についての除外診断をしない医師は、画面の大きさを把握しようとすらせず、規格が合うかどうかわからない粗悪な保護フィルムを説明もなく乱雑に貼るようなものです。

もしも業者が自分の大切なスマホをそのように扱ったとしたら、間違いなくその業者に怒りますよね？　しかしスマホは所詮替えが利く物体に過ぎません。

一方、健康や命、人生は替えが利きません。それらを踏みにじられ、台無しにされているにもかかわらず、その加害者に対して怒るどころか、逆に感謝すらしている人々がいるのが現状なのです。

しかし、考えたらおかしなことです。disorderという概念は不治の病や回復不能な障害という意味ではないことはこれまで散々説明してきたとおりです。発達障害は生まれつきの特性で治すものではないという「意見」がよく見られますが、そのような状態を特定して診断する技術が存在しない以上、その診断の正しさなど誰も保証することなどできず、診断が一生つきまとうのもおかしな話です。

また、精神科診断はあくまでも参考であって絶対ではないはずです。実際、DSM第4版の責任者であるアレン・フランセス氏もこのように述べています。

精神科の診断を、法医学的判断、障害判断、学校の判断、養子縁組の判断などから切り離すべきだと思います。精神科の診断は意思決定の一部であるべきであって、唯一の決定要因であってはなりません。

（『精神医学』2012年8月、医学書院）

それなのに、なぜ診断は絶対視され、一度貼られてしまったらなかなか剝がせないラベルになってしまうのでしょうか。それは、**医師に絶対的な権限がある**からです。

日本では法律（医師法）により、医師（および歯科医、獣医師）以外に診断は下せません。

特に発達障害という領域は専門的なので、専門家がどのように診断を下すのかということについて、外の人間は関知しません。いわばブラックボックスです。そのため、専門家が下したのだから間違いないのだろうという同意が広がってしまうのです。

ちなみに、発達障害のみならず、精神障害も同じく剝がせないスティグマ（烙印）となります。特に統合失調症の診断はよほどのことがない限り剝がせません。統合失調症も現場では相当いい加減な診断のされ方をしているので、誤診などは日常茶飯事です。しかし、たとえどんなデタラメな診断だとしても、いったんこの診断がつけられると他の精神科医は真っ白な目で診察してくれなくなり、結局統合失調症の疑いは払拭されません。これも本来おかしなことですが、現実に起きていることです。

## 「まず発達障害を疑え」と権威は言う

もしも専門家が、徹底的に除外診断をし、診断を下すにしても経過観察を経て慎重に行い、状態の改善に応じて柔軟に診断を変えるという姿勢であれば、デタラメな早期発見検査で引っかかって、専門家に繫げられたとしても、まだ**過剰診断**の被害は最小限に食い止められます。ところが、そのような誠実でまともな専門家はむしろ少数派かもしれません。

なぜならば、専門家中の専門家がそのような姿勢を否定し、**積極的な診断を推奨**しているからです。大人の発達障害の権威とされる宮岡等医師（北里大学精神科学主任教授）が、発達障害の専門家である内山登紀夫医師（よこはま発達クリニック院長）と対談する形式でまとめた書籍『大人の発達障害ってそういうことだったのか　その後』（医学書院、２０１８年）には、【診断のスタンス】として以下のような記述があります。

除外ではなく、積極的に
「発達障害がある」という目で見ていったほうがいい

**宮岡**　診断をする場合、積極診断か除外診断かという話がありますが、これまでのお話からすると、ほかの病気をどんどん除外していって「もう発達障害しかないね」という除外診断は適切でないと言っていいですね。

**内山**　そうです。明らかに積極診断だと思います。それが、症状の1割を説明するのか10割を説明するのかわからないけれど、積極的に「ある」という目で診ていったほうがいいです。それに、発達障害は小学校では6％くらいはいるとの調査結果が出ており、決して少なくない、むしろ多いですよね。たぶん精神科外来に来る人はもっと多いので、やはり積極診断にすべきですね。

**宮岡**　これも強調しないとね。私も、ほかの病気の除外じゃないなと思うので。

一方、このコンビの前著『大人の発達障害ってそういうことだったのか』（医学書院、2013年）には、このような記述もあります。

**宮岡**　でも先生、発達障害の診断はいったんついたら消えることはないのですよね。

**内山**　自閉症に関してはそうですね。

さらりと恐ろしいことが書かれてありますが、誤って貼られたラベルも取り消せないということなのでしょう。内山医師は「発達障害が6％」などと発言していますが、これはまさに第三章で紹介した、2002年に実施された75項目のチェックリストを使った全国調査のことを指しており、問題発言です。

文部科学省は、2012年にもまったく同じ質問項目を使った調査（協力者会議には市川宏伸氏も含まれる）を行い、その結果を発表しました。「発達障害の可能性のある特別な教育的支援を必要とする児童生徒」が6・5％という、紛らわしい表現を使った発表でした。

それを受けてマスコミも確実に誤解を招く報道をしました。たとえば「小中学生の6・5％

に発達障害の可能性」(日本経済新聞2012年12月5日)などです。これは、「可能性」ですらないデタラメな結果であることはすでに述べた通りですが、内山医師ほどの専門家がこの調査結果をあたかも有病率であるかのように引き合いに出すのは大問題です。

内山医師が院長を務めるよこはま発達クリニックは、その名の通り横浜市内にあります。信州大学医学部附属病院子どものこころ診療部長の本田秀夫医師らの研究によると、横浜市では7・7%もの子が小学校入学前に発達障害と診断されています(参考：厚生労働科学研究費補助金「発達障害児とその家族に対する地域特性に応じた継続的な支援の実施と評価」平成28年3月)。全国十数か所の自治体に対し、医療機関への調査によってこのような数字を割り出しましたが、特に横浜市の割合が大きいことがわかりました。

これは早期発見検査にひっかかる「疑い」レベルではなく、実際に医療機関で診断が下された割合です。診断の大半がASDということですが、この割合はあまりにも多過ぎます。積極的に早期発見検査が行われ、多くの子どもが専門機関に繋がれば繋がるほどその数値は大きくなります。そして、繋がれた医療機関が積極診断という方針であればさらに大きくなります。手厚い支援、支援の充実というと聞こえがいいですが、その支援の方向が間違っていると、いとも簡単に過剰診断へと傾きます。一度貼られたら剝がせないラベルであることも考慮すると、本当の支援となっているのか疑問があります。

せっかくなので、もう一人の著者である宮岡医師についても言及しておきます。宮岡医師は、普段から過剰診断や利益相反、多剤大量処方の問題について発言し、安易な診断や投薬に警鐘を鳴らしており、一部からは「良心的」な精神科医と思われているようです。確かに、主張する内容には納得できる点もありますが、主張することと実際にやっていること、作り出している影響は別です。少なくとも、宮岡医師の立派な主張が部下たちに浸透されているのかどうかという点については疑問です。

実は、第一章の冒頭で説明したエピソード（四人の精神科医がまったく別々の診断を下した話）は、宮岡医師が院長を務めていた北里大学東病院での出来事です。しかも、そのうちの一人（精神科医B）は精神保健指定医の資格を不正取得していたことが後に判明したのです。２０１６年12月８日に発表された「相模原市の障害者支援施設における事件の検証及び再発防止策検討チーム」報告書には、このように書かれてあります。

厚生労働省は、指定医資格の不正申請に係る調査の結果を踏まえ、平成28年10月26日に89名の指定医の指定の取消処分を行った。その調査の過程において、容疑者の措置診察を行った指定医２名のうちの１名は、指定医の指定申請時に不正なケースレポートを提出していたことが判明した。当該指定医は、自ら診療録に何も記載しなかった事実を認め、既に指定医の辞退届を提出し、指定医の資格を喪失している。

この事態を受けて、北里大学東病院はＨＰで次のように発表しました。

厚生労働省の「精神保健指定医不正資格取得に関する発表」への対応につきまして

(平成28年10月27日)

厚生労働省より平成28年10月26日に発表されました精神保健指定医の処分対象者に、申請提出時に当院所属であった医師３名とその指導医２名が含まれております。３名の申請医は診療録記載から十分な関わりをもった症例とは認められないと判断されました。また指導医は指導・確認という指導医の責務を怠ったと指摘されました。

当院としては、既に再発防止体制を整えております。この発表を真摯に受けとめ、さらに臨床および教育に力を入れていく所存です。なお処分対象となった5名のうち、現在、北里大学東病院に在籍している者は指導医である1名のみであり、診療に支障はございません。

北里大学東病院 病院長　宮岡 等

ちなみに、この処分対象となった5名のうち1名の精神科医（※精神科医Bではない）は、処分が不当だと国を相手取って裁判を起こし、一審（2019年5月15日東京地裁）および二審（2020年2月6日東京高裁）で勝訴している点も公平性のために付け加えておきます。

宮岡医師は、やはり精神科医らしい精神科医なのでしょう。診断や投薬の在り方を批判したとしても、診断や投薬そのものを否定するのではなく、むしろその根幹部分を肯定・促進する立場にあるのです。鑑別・除外診断や治療についても、同様の症状を引き起こす身体的原因との鑑別ではなく、他の精神障害との合併や区別という視点に偏っています。宮岡医師の本音や意図はどうであれ、過剰診断に警鐘を鳴らす体でありながら、むしろ過剰診断を促す役割を果たしているようにしか思えません。

## 成功体験や二次障害防止という偽善

こうした風潮は、今や学校の教員が服薬を勧めるという事態にまで陥っています。児童の保護者が教員と話した際に、児童に薬を飲ませるように教員から強く勧められたという話は、1件や2件ではありません。もはやあちこちで聞かれます。いろいろなケースがありますが、共通点があります。それは「良い薬がある」「薬を飲むことで成功体験を積み上げることができる」「本人のため」という同じようなフレーズが教員の口から発せられていることです。

何ら悪びれる様子もなく、むしろそれが児童のためになると完全に信じているような態度で薬を勧めてきた教員の姿に、面食らった保護者は何人もいます。確かに、薬を飲むことで子どもは一時的に集中できたり、おとなしくなったりします。しかし、それがはたして本人にとって良いことなのか大いに疑問があります。その一時的な能力強化と引き換えに、さまざまな代償を払わないといけないのはその子本人です。

教員が薬について「良い」「効く」「効果がある」というのは、あくまでもその教員や周囲にとってのことです。いったん薬が処方されてしまうと、教員はそれをしきりに飲ませたがります。ひどいケースでは、薬を服用しないなら学校に来ないでくれと教員が服薬を強制します。医師ですら強制服薬させる権限はないのに、**教員の立場で服薬を強制することに何ら正当性はありません**。

本人の特性が周囲から理解されないことでいじめや過度の叱責、失敗などにつながり、その結果、うつ病などの精神障害を患ってしまうことを**二次障害**と呼びます。二次障害を防止するという名目で服薬させるというのはごくありふれた話です。

しかし、これにも大きな疑問があります。なぜならば、二次障害の予防のためと言われて薬の服用を開始したのに、どんどんと薬が強くなり、最終的には統合失調症や双極性障害と診断され、強い向精神薬を何種類も服用し続けているケースがいくつもあるからです。

学校の教員は、児童生徒とは長くても数年の付き合いで終わりです。お役所仕事的な発想だと、自分が関わりを持つその期間さえ問題がなければ良いのです。その子が卒業した後どうなるかなど知ったことではありません。薬の弊害を一切説明することなく、お薬がいいですよと保護者に安易に勧めてくるような教員は、口先では本人のためと説明しますが、それは間違いなく自分のためです。なぜならば、薬服用による決して低くないさまざまなリスクを引き受けるのは、子どもたち本人であってその教員ではないからです。

そういう対応をしてくる教員に対してはしっかり尋ねてみたら良いでしょう。

「先生はこのような薬物治療にどんな弊害があるのか具体的にご存じでしょうか?」

「薬の副作用をご存じでしょうか?」

「長期服用による問題をご存じでしょうか?」

などと尋ねて、答えられなかったりごまかしたりするようであれば、結局は善意を装った無知・無責任・保身です。

そもそも、その子が薬を服用しなくても皆と一緒に学べるよう環境を整えるのが、学校側の責任ではないでしょうか。というのも、2016年4月より「障害を理由とする差別の解消の推進に関する法律」が施行され、**学校で「合理的配慮」の提供が義務となった**からです。

そんなことしたら、現場の教員の負担が大き過ぎるのでは? と思われたことでしょう。

ええ、そうなのです。現場の教員は大変です。単に授業をするだけではなく、日々雑務に追われています。手がかかる子は薬を飲んでおとなしくなってもらいたいという気持ちもわかります。

ちなみに「合理的配慮」とは、障害のある子どもが、他の子どもと平等に教育を受ける権利を享有・行使することを確保するために、学校の設置者及び学校が必要かつ適当な変更・調整を行うことであり、障害のある子どもに対し、その状況に応じて、学校教育を受ける場合に個別に必要とされるものです（「共生社会の形成に向けたインクルーシブ教育システム構築のための特別支援教育の推進（報告）」平成24年7月　中央教育審議会初等中等教育分科会）。

しかし、これでは現場だけに責任を押し付けることになります。困難を抱えた児童生徒を教員が十分にサポートできる体制を作るためには、人員も予算も必要です。教育委員会や文部科学省などの行政は、それを実現することに責任があります。

また、現場の教員だけの責任にできないもう一つの大きな理由があります。それは、教員がそのように教育されていないということです。

教員は、教育委員会などを通して研修を受ける機会があります。児童精神科の専門家が招かれ、教員に対して発達障害の子どもへの対応について講習するようなことが各地で実施されています。実際に参加した教員から話を聞くと、薬によってトラブルが減った、勉強に集中できるようになったという成功例ばかり教えられ、その副作用や弊害についてほとんど説明がなかったようです。

すべてがそのような研修かどうかまではわかりませんが、講師によって情報が偏ってしまう点は否めないでしょう。実際、「親が受診しているとチャンス！」と書かれてあった講義資料までありました。親が精神科を受診しているのであれば、子どもも精神科に繋げやすいということのようですが、「チャンス」というのはまさかその講師（地元の児童精神科医）にとっての商機のことかと思えてしまいます。とにかく、やたらと受診や薬服用を推奨するような専門家がいたら、教員までその影響を受けてしまうことになります。

合理的配慮を提供できない、あるいは教員に能力や余裕がないといった大人側の都合によって、本来薬を服用する必要のなかった子どもが薬の服用を余儀なくされているのであれば残念な話です。子どもの場合、薬の服用は必ずしも本人の利益のためではありません。周囲の利益のためであることもしばしばです。

厚生労働省に対しては何度も要求していることですが、**早期受診に繋がった子どもたちがどうなっているのかを長期間追跡し、長期的転帰を調べるべき**です。小児のＡＤＨＤに薬が承認されてからもう10年以上経っています。早期受診し、早期に治療に繋がったはずの子どもたちは今一体どうなっているのでしょうか。特に、薬物治療を受けた子どもたちはどうなったのでしょうか。薬による成功体験が改善に結び付いたのでしょうか。二次障害を本当に防げたのでしょうか。それとも逆に障害者を作っているのでしょうか。そろそろ長期的転帰という結果から政策の評価をするべき時期に来ています。

## 危機にさらされる子どもたち

たとえ学校などから繋がれる子どもたちが増えたとしても、あるいは過剰な発達障害キャンペーンによって受診する子どもたちが増えたとしても、**専門家が慎重に診療を行い、インフォームドコンセントを徹底するのであれば、子どもたちが誤診やデタラメな投薬の被害に遭うことを防げる**はずです。

ところが、誠実に取り組む専門家もいる一方、あまりにもずさんな専門家も存在します。そして、そのようなずさんな専門家によって文字通り人生を奪われた子どもたちもいます。

象徴的な事件は2012年10月に起きました。岐阜県において当時10歳の男児が突然死しました。この件は、2012年10月31日に開催された厚生科学審議会感染症分科会予防接種部会日本脳炎に関する小委員会において取り上げられたことで、世間に知られることになりました。

当初、日本脳炎ワクチン接種直後に心肺停止になったことから、ワクチンが原因ではないかと議論されました。ところが、出席した複数の専門家から、男児の突然死が向精神薬の副作用であった可能性が指摘されました。なぜならば、男児には3種類の向精神薬が処方されており、うち2種類は心血管系に重篤な副作用があらわれる危険性があるとして併用禁忌（一緒に処方してはいけない）になっていたからでした。

男児は広汎性発達障害（今ではＡＳＤに含まれる障害）と診断されており、エビリファイ（抗精神病薬）とオーラップ（自閉症に使われる抗精神病薬）を２０１２年６月から処方され、９月からジェイゾロフト（抗うつ薬）も追加され、合計3種類の向精神薬が同時に処方されていました。このうちオーラップとジェイゾロフトが併用禁忌です。

ところが、報道によると母親は「かかりつけ医を信頼しており、指示通りに飲ませていた。併用禁止とは知らなかった」（毎日新聞２０１２年11月１日夕刊）と話す一方、かかりつけ医であった児童精神科医は「問題の2つの薬の併用がいけないという指定があることは知っていた。あの薬が、処方した量で影響を与えるとは思えない。少量であれば安全という判断だ」（中日新聞２０１２年11月１日朝刊）と説明しています。

これは非常に奇妙な話です。百歩譲って併用禁忌の薬を医師の裁量権で出すことがあったとしても、それを親に説明しないことなどあり得るのでしょうか。そもそも、わざわざ併用禁忌を犯してまでも追加処方されたジェイゾロフトは、夜尿症のために処方されていたといいます。これは本来の用法ではないので適応外処方となります。適応外処方であれば当然説明責任があります。

この児童精神科医は併用禁忌を知っていたと主張していますが、知らなくてうっかり出してしまったという単なる過失の方がまだマシだったかもしれません。なぜならば、併用禁忌を知っているのなら、なおさらインフォームドコンセントが必要であり、それをしてなかったと認めるようなものだからです。

少なくとも、母親は知らされていませんでした。これから追加される薬が適応外処方であり、しかも飲んでいる薬と併用が禁止されていると説明を受けて、それを受け入れる母親がいるでしょうか。ちゃんと説明を受けていたら拒否した可能性は高く、母親はそれを決定する権利を奪われたことになります。

結局、この事件は副作用と突然死との因果関係不明で終わってしまいました。併用が禁止されているといっても、それは保険診療上の話であり、それに違反したとしても刑事責任を問われるわけではありません。

この事件はまさに象徴的と言えるでしょう。家族は専門家である児童精神科医を信頼していたのです。しかし、その専門家とは、インフォームドコンセントの基本すら守らず、危険な投薬を家族に説明すらせずに行い、いざ問題が発覚すると悪びれもせず開き直るような人物だったのです。

これは氷山の一角です。たまたまワクチン注射の直後ということで厚生労働省の審議会に取り上げられましたが、さまざまな健康被害が隠されていることでしょう。インフォームドコンセントのない不適切投薬などは我々の会にも報告されています。

## 死亡、自殺、薬物依存を引き起こす投薬

独立行政法人医薬品医療機器総合機構（ＰＭＤＡ）は、副作用が疑われる症例について医師などから報告を受け付けており、その情報はホームページでも確認することができます。あくまでも報告であり、それが必ずしも薬による副作用だと認められたものではありませんが、発達障害にも使われている主要な薬剤について報告された10代以下の子どもたちの症例を抜粋します（**図13**）。

コンサータは薬物依存が起こりにくい徐放性製剤ということでしたが、コンサータを服用した小児に薬物依存の症状が現れていることもわかります。

中枢神経刺激薬ではないことを強みに販売を伸ばしてきたストラテラも、脳に直接作用する以上決して安全性が高いわけではありません。やはり先行する米国などと同様に自殺関連の事象が報告されていることもわかります。インチュニブも同様です。

発達障害への適応外処方で死亡事例も報告されています。販売開始後、わずか5か月の間に21例もの死亡が報告され、厚生労働省が安全性速報を発行したといういわく付きのゼプリオン注射が、自閉症スペクトラム障害の10歳代の男性（※身長150センチメートル台、体重50キログラム台とあったので中学生くらいかもしれません）に打たれていました。これは、統合失調症にのみ適応のある持効性注射です。その名の通り、効果が持続（一度の注射で4週間）する注射であり、医薬品添付文書には「一度投与すると直ちに薬物を体外に排除する方法がない」と注意書きがあります。当然自閉症スペクトラムには適応外ですが、この男性は2019年9月24日に死亡したと報告されています。

他にも調べるとこんな事例も見つかりました。うつ病、注意欠陥多動性障害、行動障害と診断されていた10歳代の男性が、抗うつ薬パキシル（パロキセチン）を処方された後、2013年6月14日に自殺しています。メチルフェニデート、アトモキセチン、バルプロ酸ナトリウム（抗てんかん薬）、チアプリド（抗精神病薬）も処方されていましたが、同時処方か過去に処方歴があったのかは不明です。パキシルには当時すでに以下のような警告が赤文字赤枠線で表示されていました。

**図13　発達障害にも使われている主要な薬剤について報告された10代以下の子どもたちの症例**（抜粋）

| | | | |
|---|---|---|---|
| **コンサータ（メチルフェニデート）** | | | |
| 10歳代 | 女 | 故意の自傷行為 | 2019年 |
| 10歳代 | 女 | 薬物依存　自殺念慮 | 2017年 |
| 10歳代 | 男 | 攻撃性 | 2016年 |
| 10歳代 | 男 | 激越 | 2015年 |
| 10歳代 | 男 | 故意の自傷行為 | 2014年 |
| 小児 | 不明 | 攻撃性 | 2012年 |
| 10歳代 | 男 | 攻撃性　易刺激性 | 2009年 |
| **ストラテラ（アトモキセチン）** | | | |
| 10歳代 | 女 | 自殺企図 | 2017年 |
| 10歳代 | 男 | 自殺念慮 | 2016年 |
| 10歳代 | 男 | 悪性症候群　肝障害　激越 | 2015年 |
| 10歳未満 | 男 | 自殺企図 | 2014年 |
| 10歳未満 | 男 | 攻撃性 | 2013年 |
| 10歳未満 | 男 | 自殺念慮 | 2011年 |
| 10歳代 | 女 | 自殺念慮　自殺企図 | 2010年 |
| 10歳未満 | 女 | 激越 | 2009年 |
| **インチュニブ（グアンファシン）** | | | |
| 10歳未満 | 男 | 自殺念慮 | 2019年 |
| 10歳未満 | 男 | 激越　錯乱状態　易刺激性 | 2018年 |
| **リスパダール（リスペリドン）** | | | |
| 10歳代 | 男 | 自殺企図 | 2018年 |
| 10歳代 | 女 | 故意の自傷行為 | 2016年 |
| 10歳代 | 女 | 自殺企図 | 2006年 |
| **エビリファイ（アリピプラゾール）** | | | |
| 10歳代 | 女 | 自殺企図　自殺念慮 | 2019年 |
| 10歳代 | 男 | 攻撃性 | 2018年 |
| 10歳代 | 女 | 自殺既遂 | 2017年 |
| 10歳代 | 男 | 死亡 | 2012年 |
| 10歳代 | 女 | 自殺企図 | 2011年 |
| 10歳代 | 男 | 自殺企図 | 2008年 |
| 10歳代 | 女 | 突然死 | 2007年 |

警告
海外で実施した7〜18歳の大うつ病性障害患者を対象としたプラセボ対照試験において有効性が確認できなかったとの報告、また、自殺に関するリスクが増加するとの報告もあるので、本剤を18歳未満の大うつ病性障害患者に投与する際には適応を慎重に検討すること。

つまり、うつ病に効果はないけど自殺の副作用リスクはあるということです。10歳代の男性が18、19歳である可能性もありますが、17歳364日の患者には危険で効果がないが、18歳になったその日から安全で効果があるという話ではありません。18歳や19歳は一切このようなリスクを考慮する必要がないという問題ではないでしょう。このような警告について本人や親がちゃんと説明を受けていたのか疑問です。効果がないのに命に関わる副作用のある薬など、普通受け入れるでしょうか。

薬には副作用がつきものです。ここで薬が良いか悪いかを議論するつもりはありません。重要なのは、**薬の危険性についても正しく説明を受けて本人および保護者（代諾者）が納得した上で治療を開始しているか**です。表面上のインフォームドコンセントではなく、事前に薬物治療以外の解決策について示された上での話です。

ここである重要な判例を紹介しておきます。２０１９年10月17日、東京地裁は自閉症治療で2歳から保険適応外の薬物治療を実施した医師について説明義務違反を認め、同治療を受けるか否かについて意思決定する原告の権利を奪ったとして被告側に330万円の支払いを命じました。投薬によって健康被害が生じたかどうかは現在も控訴審で係争中ですが、第一審の判決文から重要な一節を抜粋します。

被告は、説明義務違反による損害が発生する場合は、説明義務違反が問題になった医療行為と患者に生じた身体障害との間に事実的因果関係が認められた場合に限ると主張する。しかし、当該治療行為によって現に身体的損害が生じていることまでは証明できていなくとも、自己決定権が侵害されている以上、説明義務違反が成立する基礎は存するというべきであって、被告の主張は採用できない。(傍線筆者)

日本の司法制度では原告側に立証責任がありますが、被害者である原告側は通常素人です。薬の副作用による健康被害を立証するのは非常に困難です。被告は100%例外なく、副作用ではなくもともとの病気の症状だと主張するので、裁判官に納得させるだけの証拠を示すことが大変な作業になります。しかし、たとえそれが立証できなかったとしても、手続き上の違反は勝てるということになります。

インフォームドコンセントをしてないということは、説明義務違反であり、**患者の自己決定権を踏みにじる行為**でもあります。これはぜひ多くの人が声を上げるべきでしょう。健康被害の立証はハードルが高いというのであれば、説明義務違反に絞って訴えを起こすというのも良いでしょう。多くの声が上がれば現場は変わらざるを得ません。

## 投薬の低年齢化――何も知らない親たち

私が心底恐ろしいと感じるのは、**親が何も知らずにわずか2歳、3歳の幼児に向精神薬を飲ませていること**です。この「何も知らず」というのがポイントです。命に関わるような緊急性があり、他にいろいろな手段を試してもうまくいかず、苦渋の決断で薬を飲ませているというのならまだ理解ができます。ところが本当に知らないで飲ませている親がいるのです。

これは、インフォームドコンセントがまったく行われていない状況を示唆しています。実際にこのようなケースがあります。3歳児健診で発達障害の可能性を指摘され、専門医に繋がった子が、初診でＡＤＨＤと診断され、いきなりストラテラを処方されました。その際、親は薬について何の説明も受けることなく、ただ飲ませるようにと指示されただけでした。ストラテラには錠剤と液体の2種類のタイプがあるのですが、液体タイプの薬であったため、まるでシロップ状の風邪薬を飲ませるのと同じような感覚で子どもに与えていました。

さて、ストラテラとはどんな薬でしょうか？　医薬品添付文書で確認してみましょう。効能又は効果に関連する使用上の注意の項目に「6歳未満の患者における有効性及び安全性は確立していない」と明記されています。また、**重要な基本的注意**として「本剤を投与する医師又は医療従事者は、投与前に患者（小児の場合には患者及び保護者又はそれに代わる適切な者）に対して、本剤の治療上の位置づけ及び本剤投与による副作用発現などのリスクについて、十分な情報を提供するとともに、適切な使用方法について指導すること」と書かれてあります。

つまり、安全性が確かめられていない年齢の幼児に処方しながら、基本的注意すら守っていないということです。そもそも経過観察もせずに初診でＡＤＨＤと診断することに問題があります。そして、薬物治療以外の方法を試すわけでも提案するわけでもなく、いきなり薬を出すという姿勢も問題です。しかし、親はこれがおかしいことなどと夢にも思わないでしょう。なぜならば、行政機関とそこから繋がった専門家の指示に従っていただけだからです。

言われるがままという親の姿勢がまずかったと批判する人もいるかもしれませんが、現代の親がどんな立場にあるのか想像してみてください。初めての出産・育児で不安を抱えていても、実家など気軽に相談できる相手がいない母親もいます。核家族化して縦の繋がりもなく、ママ友などの横の繋がりも希薄なまま、たった一人で仕事、家事、育児のすべてをこなさなければならない、いわゆるワンオペ育児の母親などいくらでもいます。

かといって、保健所の保健師に育児不安や子どもの発達に関する悩みを相談したところで、必ずしも良い相手に恵まれるとは限りません。不安を受けとめてやわらげてくれるどころか、産後うつやら発達障害やらと脅して不安にさせたり、突き放したり、否定したりするような保健師も中には存在します。杓子定規的に平均と比べた発達の遅ればかり指摘し、良かれと思ってやたらと専門医や療育センターに繋ごうとする保健師もいます。保健師は発達障害の早期発見が重要だと教育されているため、何でもかんでも発達障害を疑う視点が身に付いてしまっています。

成長などは個人差が大きく、多少の発達の遅れなど気にせずどっしりと構える姿勢も重要です。何でも不安になる傾向にある新米母親に対して、そんなの大丈夫と声をかけてくれる育児の大先輩が近くにいたらどれだけ心強いでしょうか。そのような存在が身近にいない母親は、保健師の一言一言に敏感に反応してしまい、言われるがままになってしまいます。

公的機関が間違ったことをするはずがないと思うのは単なる思考停止です。ましてや、繋がれた先の専門家がまともであるという保証などどこにもありません。しかし、不安にさせられた母親にとってはそんなことなど関係ありません。診断結果にショックを受け、どうしたら良いのかわからないという状態になれば、そのまま専門家の指示に従うしか選択肢がなくなります。

もちろん、専門家が全員、安易に診断したりすぐに投薬したりするわけではありません。特に未就学時に対する投薬は慎重になるのが普通でしょう。しかし、たとえ少数派であったとしてもこのような専門家が存在するということは知っておくべきです。

投薬の実態は、厚生労働省が公開している情報からある程度確認することができます。厚生労働省は保険診療の情報をデータベース化して公開しています（ＮＤＢオープンデータ）。そこから、年齢別にどのような向精神薬がどれだけ投与されたのか確認できます。ただし、薬剤については上位品目しかオープンになっていないのですべてではありません。このオープンデータから０～４歳の幼児への向精神薬投与の実態をまとめてみました（**図14**）。

この情報からわかるのはあくまでも処方された薬の錠数、カプセル数、水薬の量だけであって患者の正確な人数まではわかりません。インフォームドコンセントはちゃんとされているのか、薬物治療に至る前に別の手段が試されたのかも気になるところです。

## 子どもに覚せい剤を与えているようなもの

「子どもに覚せい剤を与えているようなもの」と聞くと、ギョッとするかもしれません。しかし、これはもう現実となっています。塩野義製薬が２０１９年12月3日より販売開始したビバンセは、服用すると体内で有効成分がアンフェタミンに変化する特殊な薬です。覚せい剤取締法によってアンフェタミンとメタンフェタミンが「覚せい剤」と指定されているので、実質覚せい剤を体内に取り込むことになります。

私は、この薬やその処方、流通管理がはらむ危険や問題について指摘し、その承認に反対してきました。なぜならば、すでに厳重に流通管理されていたはずのコンサータが、とある精神科医によって不正処方されていた実態を知っていたからです。

その精神科医が院長を務めていた二つの精神科クリニックは、無診察処方や不正請求、患者へのわいせつ行為、セクハラ、パワハラなどありとあらゆる問題が常態化する無法地帯でした。そんな精神科医にコンサータ錠登録医師の資格が与えられ、やりたい放題を許していたのです。

不正処方が発覚したのは、行政機関や流通管理委員会、あるいは製薬会社の監視機能が働いたからではありません。むしろそれが機能しなかったため、何の権限もない民間人である私が調査し、告発しなければならなかったのです。その精神科医を執念で逮捕・起訴・有罪へと追い込んだ経緯は、拙著『もう一回やり直したい　精神科医に心身を支配され自死した女性の叫び』（萬書房、２０１９年）に詳しく書いてあります。

不正処方が簡単に許されてしまったその根本的な問題を解決しないまま、コンサータより

**図14　0～4歳の幼児に処方された向精神薬の実態**

| 処方形態 | 医薬品名 | 薬価(円) | 男 | 女 |
|---|---|---|---|---|
| 外来院外 | ストラテラカプセル10mg | 324.7 | 2,365カプセル | 1,120カプセル |
| 外来院外 | ストラテラ内用液0.4% | 209.2 | 97,970mL | 25,436mL |
| 外来院内 | エビリファイ内用液0.1% | 83.4 | 1,706mL | ―― |
| 外来院内 | リスパダール錠1mg | 28.7 | 3,508錠 | ―― |
| 外来院外 | リスパダール内用液1mg／mL 0.1% | 80.4 | 11,913mL | 3,342mL |
| 外来院内 | リスパダール内用液1mg／mL 0.1% | 80.4 | 3,885mL | ―― |
| 外来院外 | リスパダールOD錠1mg | 28.7 | ―― | 1,153錠 |

※ストラテラとエビリファイは6歳未満、リスパダールは5歳未満への安全性が確かめられていない。
※安全性が確かめられていない0～4歳児への投薬で、薬価ベースで年間2800万円の市場となっている。
[厚生労働省NDBオープンデータより、H29年4月～H30年3月に処方された内服薬の情報を抽出]

もさらに危険性のある薬物を流通させることは到底受け入れられないものでした。

私は要望書を提出し、それは2018年12月3日に開催された医薬品第一部会で参考資料として配付されました。また、2019年2月21日に開催された同部会において、例の精神科医の不正処方が取り上げられ、コンサータについても流通管理を見直して強化することが示唆されました。

一方、国連児童の権利委員会はその承認の直前である2019年2月（最終版は3月

5日）、日本政府に対して重要な勧告を出しています。その一部を抜粋します。

生殖に関する健康及び精神的健康

34、委員会は以下を深刻に懸念する。

（d）児童が注意欠如・多動性障害（ADHD）を伴う行動上の問題を有している旨の診断や、精神刺激薬を原因とする児童の治療が増加している一方で、社会的決定要因及び非医学的形態の治療は軽視されていること。

35、委員会は、締約国に対し、以下のことを要請する。

（e）ADHDを有する児童の診断が徹底的に吟味され、医薬品の処方が最後の手段として、個別化されたアセスメントを経た後に初めて行われること、また児童やその親に対してそのような処置の副作用の可能性及び医療ではない代替的手段について適切に情報提供が行われることを確保するとともに、ADHDの診断及び精神刺激薬の処方が増加している根本的原因についての研究を実施すること。

（「国連児童の権利委員会　日本の第4回・第5回政府報告に関する総括所見」2019年3月5日）

しかし、誰もこの問題を国内で取り上げなかったため、我々は国連の最終報告をいち早く日本語訳し、わざわざ担当部署に届けました。

結局、２０１９年３月26日、厚生労働省はビバンセの製造販売を承認しましたが、ビバンセの流通管理システムはかなり厳格となり、コンサータもほぼ同等レベルに引き上げられました。

この流通管理は想像以上に厳格であり、インフォームドコンセントも徹底され、不正処方や横流しはもちろん、ずさん・安易な処方が起こりにくい内容になっています。ただし、それでも抜け道を見つけ出して不正に手を染める者は今後も必ず出てくるでしょう。引き続き注意していく必要があります。

ちなみに、このビバンセという薬について専門家はどのように評価しているでしょうか。発達障害の権威とされる岩波明医師（昭和大学医学部精神医学講座主任教授）の発言を引用します。

ビバンセに覚醒剤と類似した成分が含まれていることからもわかるように、覚醒剤と類似物質はＡＤＨＤの治療薬として一定の効果を持っていると考えられます。覚醒剤には興奮作用がある一方、考えをまとめ落ち着かせる作用もあります。

（「酒井法子、清原和博、ピエール瀧、沢尻エリカ……芸能人はなぜ薬物に走るのか」、『文藝春秋デジタル』２０１９年12月11日）

また、この岩波医師は薬物依存専門家として別の記事では以下のように発言しています。

「多くの著名人やタレントが、軽い気持ちで薬物に手を出してしまうのはなぜでしょうか。それは、薬物の本当の怖さをよく知らないからではないかと思います」

「覚せい剤精神病はたった1回、覚せい剤を使用しただけで誘発される人もいます。一度でも覚せい剤精神病の症状が出ると10〜20％の人は慢性化して生涯にわたり治りません。覚せい剤の使用をやめても、被害妄想や幻聴が長期間持続することもしばしばみられます」

「極論すれば、覚せい剤に手を出すということは、自ら進んで重篤な精神病にかかろうとするようなものだ、ということです。まったく愚かなことです」

「覚せい剤は一時的な興奮作用をもたらすだけでなく、脳の機能を永続的に、それも悪い方向に変化させる作用を持っています」

（「芸能人やスポーツ選手はなぜ薬物に手を出すか」——精神科医が日本特有の理由を分析、

（『ENCOUNT』2019年12月26日）

岩波医師の言葉を信じるなら、体内でアンフェタミン、すなわち覚せい剤に変化するビバンセも、たった1回の使用で覚せい剤精神病を誘発する可能性があり、脳の機能を永続的に悪い方向に変化させる作用があるということでしょうか。そのような物質を子どもに飲ませても大丈夫なのでしょうか。

# 第五章

# 大人の発達障害流行の裏側

## 定義の拡張

今や**「大人の発達障害」**は空前のブームとなっています。初めて大人の発達障害という言葉を聞いたとき、多少混乱してしまった方も多いと思います。言葉を額面通りに受け取れば「真面目な不良」のように自己矛盾した概念に見えるからです。

専門家に言わせると、大人になってから発達上の問題で発症するのではなく、生来より発達障害を抱えながらそれに気付かず、大人になって顕在化するもののようです。これは、**発達障害という概念を大人にまで広げてきた**ということです。

さて、そのような説明が本当に正しいかどうかは別として、精神医学が定義を拡張するときは気を付けないといけません。

科学、特に自然科学においては、定義の厳密さが重要です。定義を拡張することはありますが、それは境界線の範囲を厳密なルールの下で広げることであり、境界線をあいまいにすることではありません。一方、精神医学の定義の拡張は、境界線の範囲を広げると同時に境界線自体をあいまいにさせるのです。

アメリカ精神医学会のＤＳＭ（精神障害の診断・統計マニュアル）の場合、第４版と第５版を比較するとＡＤＨＤの定義の拡張が見られます。第４版では、ＡＤＨＤと診断するには「不注意」と「多動性－衝動性」のそれぞれ９項目のチェックリストのうち、いずれか６項目以上を満たし（※不注意のみだと不注意優勢型、多動性—衝動性のみだと多動性—衝動性優勢型、両者だと混合型と分類する）、症状が7歳以前から認められることが条件でした。ところが、第5版において、17歳以降では5項目以上満たせばよいとされ、症状の確認も12歳以前でよいことになりました。

また、これとは別に境界線そのものをあいまいにする動きが出てきました。それが**「スペクトラム」**という概念です。スペクトラムというのは連続体という意味であり、虹の中に明確な色彩別の境界線を引けないのと同様、グラデーション状になって境目がない状態のことを指します。操作的診断手法では、とりあえず仮の境界線を引くことによって障害を分類してきたのですが、それだと不都合が生じてきたのです。そこで、新たにスペクトラムという「思想」が出てきたのです。これも単なる考え方の一つ、すなわち意見であって、客観的に証明された事実ではないことに注意しましょう。

このスペクトラム思想は、今まで別の障害として区別してきたものを連続体として捉えます。DSM-5ではこのスペクトラム思想が自閉症と統合失調症に取り入れられました。今やそのようなスペクトラム思想があちこちに広がりを見せています。障害同士の境界線をあいまいにする「横のスペクトラム」だけではなく、健常と障害（disorder）の間の境界線をあいまいにする「縦のスペクトラム」も混在するようになってきました。

そもそも操作的診断基準も強引な思想であったため、このスペクトラム思想は一見するともっともらしく思えます。しかし、これでは何でもありの世界となってしまいます。実際、特定の専門家らが健常者と発達障害者の間に境界線はなく、程度の問題で誰もが発達障害の要素を持っているとキャンペーン報道や書籍を通して大衆向けに発言しています。誰もが特性を抱えていることや線引きができないという考え自体には私も同意しますが、それを特性ベースではなく障害ベースで考えることについては大反対です。なぜならば、それは間違いなく過剰診断を引き起こすことになり、際限のない拡大解釈を許すことになるからです。

精神医療業界にとって、定義を広げることは顧客を増やすことを意味します。本来治療の対象者ではなかった軽症者にまで境界線を広げ、さらに境界線自体をあいまいにすれば、顧客は激増するのです。DSMの第4版編纂委員長であったアレン・フランセス氏は、DSMが濫用され、障害の定義や解釈が際限なく広がる現象に危機感を抱き、皮肉を込めてSave normal（正常を救え）という題名で本を出版しました。

基準、ルールがあいまいであればあるほど、その領域に混乱や不正がもたらされるのも容易に想像できるでしょう。「好み」「主観」「解釈」「フィーリング」「価値観」といった、人によって異なる要素が判断に入り込んでしまえば、結果はバラバラになってしまいます。そして、不正に手を染めることに躊躇のない連中が参入しやすい環境となるのです。

## うつ病を治せない言い訳として利用

新型抗うつ薬の発売当初に、薬で必ず治るなどと大見得を切っていた精神科医たちは、うつ病を治すどころか改善もできず、悪化すらさせていました。特に、うつ病キャンペーンにひっかかって受診した人々に、機械的なチェックリスト診断で次々と投薬していった医師たちは、患者をどんどん悪化させて、もはや自分たちにも手に負えない状況を作り出してきました。それまでは専門家のお医者様に従えば良くなると思い込んでいた患者たちも、ようやく何かがおかしいと気付き始めました。

政府もそれまでは精神科医を妄信していました。日本で自殺者が高止まりしているのは、早期に専門家に繋がらず、うつ病治療を受けていないからだという専門家の「意見」を鵜呑みにし、うつ病の早期発見・早期治療を自殺対策の柱にしていました。

ところが、未治療の人ではなく、むしろ精神科に早期に繋がって治療を受けていた人が自殺している実態が暴かれてきました。そこでようやく政府も態度を変え、多剤大量処方などのデタラメ診療に切り込むようになってきました。

成果を上げるどころかメンタルヘルスの状況を悪化させている精神科医たちには患者やマスコミ、行政らからの非難をかわす言い訳が必要となりました。そこで出てきた裏技こそが、

「見逃されていた双極性障害」「見逃されていた発達障害」という考えです。ある主題に対して問題が暴かれて追及されるようになると、必ず別の問題を作り出して批判をかわしつつ、新たな市場へと誘導するというのは、歴史上繰り返されてきた精神医療業界の常套手段です。

通常の治療で治らないうつ病の背景には、双極性障害あるいは発達障害が見逃されていたのだと主張することによって、彼らはうつ病治療の失敗の責任から逃れる手段を手に入れたのです。双極性障害とは躁うつ病のことであり、抗うつ薬の副作用によって躁転したという、薬物治療の失敗以外の何物でもない状態の人々も多く含まれていたのですが、逆にそれを商機として双極性障害に使う気分安定薬の売り込みに結び付けたのです。

そして何よりも使い勝手が良いのは「発達障害」という隠れ蓑でした。これはうつ病のみならず、統合失調症、不安障害、双極性障害などのあらゆる治療の失敗の言い訳として最適でした。なぜならば、発達障害が本当の原因で、うつ病などは二次障害という説明にすることで、**治さなくても良い**という状況を作り上げることができたからです。発達障害は先天的であるため、そもそも治るものではないというロジックになります。治療が結果を出さなくても、**「生まれつきの問題なので仕方ないとあきらめさせることができるようになった**のです。

そのようにして、精神科医が自分の罪をなすりつけるための、濡れ衣的な発達障害診断が乱発されました。もちろん、発達障害という診断を下したとしても、それは科学的な証明ではなく、単なる「意見」に過ぎません。ところが、権限のある専門家の判定であるとして、ほとんどの人はそれに疑問を持たずに従ってしまうのです。何でも魔女やら神の祟りやらのせいにすることで、失政や不正に対する民衆からの追及をかわすことができた、過去の不誠実な為政者と何ら変わらないやり方です。

その手法は、同業者からも問題視されているようです。前述した『大人の発達障害ってそういうことだったのか』（医学書院、２０１３年）にも、このようなくだりがあります。

宮岡　うつ病が治らないと、「発達障害じゃないか」と言う精神科医がいるらしいのです（笑）。

内山　それは変ですよ（笑）。

宮岡　本末転倒ですよね。発達障害の可能性を考えるというのは大事なことですが、治らないから発達障害だろうと簡単に納得してしまっている医師もいるので、そのあたりも問題として考えなければならないと思っています。

## 流行する大人の発達障害

前述したように、日本では２０１２年にストラテラが、２０１３年にはコンサータが成人期のＡＤＨＤに対する適応追加の承認を取得しました。その上で２０１３年に発表されたＤ

SM－5によってより多くの大人が診断の対象にされるという お墨付きを得たので、カテゴリー4、5レベルのチェックリストを伴った報道や宣伝が多発することになりました（67ページ**図9**参照）。大人の発達障害をテーマにした書籍もどんどんと出版されました（**図15**）。

そのような大人の発達障害ブームを作り出した専門家の一人が星野仁彦医師です。発達障害を専門とし、児童精神医学の第一人者として知られ、福島学院大学副学長まで務めた人物であり、発達障害の当事者から専門医となったと公言していることで有名です。

星野医師は、もともと児童の発達障害の研究と著書が多かったのですが、2011年には『それって、大人のADHDかもしれません』（アスコムBOOKS）を発行するなど、いち早く大人の発達障害領域を開拓した人物です。同著は「日本人の約10％はADHD」という文言と共に独自チェックリストを掲げており、発達障害バブルを引き起こす典型的な内容でした。

また、星野医師は、漫画家のさかもと未明さんを40代になってから発達障害（ADHD、アスペルガー症候群）と診断した主治医としても知られています。星野医師とさかもとさんは、共著で『まさか発達障害だったなんて「困った人」と呼ばれつづけて』（PHP新書、2014年）を発行しました。その帯には「**大人の発達障害がコンサータで劇的に改善**」と書かれてありました。

## 図 15　大人の発達障害をテーマにした書籍

| 出版年 | 書名 | 著者 | 出版社 |
|---|---|---|---|
| 2009 | 大人の発達障害<br>——アスペルガー症候群、AD/HD、自閉症が楽になる本 | 備瀬哲弘 | マキノ出版 |
| 2010 | 発達障害に気づかない大人たち | 星野仁彦 | 祥伝社 |
| 2011 | もしかして私、<br>大人の発達障害かもしれない!? | 田中康雄 | すばる舎 |
| 2011 | それって、<br>大人のADHDかもしれません | 星野仁彦 | アスコム |
| 2013 | 大人の発達障害って<br>そういうことだったのか | 宮岡等、<br>内山登紀夫 | 医学書院 |
| 2014 | まさか発達障害だったなんて<br>「困った人」と呼ばれつづけて | 星野仁彦、<br>さかもと未明 | PHP 研究所 |
| 2015 | 大人の発達障害を診るということ：<br>診断や対応に迷う症例から考える | 青木省三 | 医学書院 |
| 2015 | 大人の ADHD<br>——もっとも身近な発達障害 | 岩波明 | 筑摩書房 |
| 2017 | ASD（アスペルガー症候群）、<br>ADHD、LD 大人の発達障害<br>日常生活編：18 歳以上の<br>心と問題をサポートする本 | 宮尾益知<br>（監修） | 河出書房新社 |
| 2017 | 大人の自閉スペクトラム症<br>他の人とは「違う」特徴との<br>向き合い方 | 備瀬哲弘 | SB クリエイティブ |
| 2018 | 大人の発達障害<br>生きづらさへの理解と対処 | 市橋秀夫<br>（監修） | 講談社 |
| 2018 | 新版 大人の発達障害に気づいて・<br>向き合う完全ガイド | 黒澤礼子 | 講談社 |
| 2018 | もし部下が発達障害だったら | 佐藤恵美 | Discover21 |
| 2018 | 大人の発達障害って<br>そういうことだったのか　その後 | 宮岡等、<br>内山登紀夫 | 医学書院 |
| 2018 | もしかして、私、大人の ADHD?<br>認知行動療法で「生きづらさ」を<br>解決する | 中島美鈴 | 光文社 |

そのあまりにも安易過ぎる帯のコピーにも驚かされましたが、その内容にもさらに驚かされました。第一人者とされる専門家が、あまりにもずさんな診断や投薬をしている実態がよくわかったからです。さかもとさんはその後星野医師の監修の下、その内容を漫画にした『奥さまは発達障害』（講談社、２０１６年）を発表しています。同著によると、星野医師は、さかもとさんにコンサータを処方する際にこのような説明をしています。

「発達障害の人は報酬系が弱くドーパミンやノルアドレナリンの分泌が少ない。コンサータはそれらの分泌を助けます。なので気持ちが楽になるかもしれない」

「だからドーパミンに似た成分の薬を処方します。それでよくなったら間違いなく発達障害です」

もちろん、この発言には科学的根拠はありません。単なる意見です。特に、**薬を飲んで良くなったら間違いなく発達障害という発想は根拠がないどころか危険**です。

さかもとさんは、当時膠原病で多くの薬を服用していました。その上、長年うつを抱えて抗不安薬のデパスと抗うつ薬パキシルも服用していました。「いつも疲れるので待合室でいつもねてました」というさかもとさんは、半信半疑でコンサータを初めて服用したところ、すぐに効果が表れ、「急に世界が明るく見えて、私は楽しげな気持ちに包まれた。トンネルから出たような」状態になったそうです。元気になって歩けるようになり、明るく前向きに生きられる希望が出てきたそうです。

この描写から、皆様はどのように受けとめたでしょうか。素晴らしい薬だと思ったでしょうか。即効性があり、劇的に効くというのは、それだけ怖いということです。これはまさに、散々抗うつ薬を処方されて多剤処方のスパイラルに陥っていたところ、処方されたリタリンが著効し、リタリンが素晴らしい薬だと信じ込んでしまった人と同じ反応です。

リタリンもコンサータも同じメチルフェニデートですが、その作用機序は覚せい剤（アンフェタミンおよびメタンフェタミン）と同じ中枢神経刺激薬であり、報酬系をいじる効果があります。酒とシンナーと頭痛薬乱用でずっと体調の悪かった人が、「シャブでキマって」急に気持ちが上向き、体がラクになったとしても、シャブ、つまり覚せい剤がその人を救ったわけではありません。

報酬系をいじる薬が一時的に気分を良くして「効く」ように思えるのは当たり前のことです。発達障害とも薬物乱用とも関係のない一般人にも効きます。薬が効いたという理由で「間違いなく発達障害です」となることは論理の超飛躍です。

案の定、この薬がさかもとさんに悲劇を引き起こしました。２０１２年11月の、有名な「J

ＡＬ事件」です。赤ちゃんの泣き声に我慢ができなくなり、機内で大騒ぎしたさかもとさんは、その体験を寄稿し、大炎上を招くことになりました。

星野医師は、このような行動を起こしたさかもとさんに対して「**明らかに双極性障害です。コンサータ服用でときどき起きます**」と説明しました。それに驚いたさかもとさんの反応からは、さかもとさんが事前にこのような危険性について主治医である星野医師から説明されていなかったことがうかがえます。そもそも、18歳以上にコンサータ処方が認められたのは２０１３年12月のことなので、認められていない投薬で問題を起こしたと言えます。

私が何よりも恐ろしく感じたのは、さかもとさんを診断してコンサータを処方する際の「今までのいろんなトラブルはあなたのせいではなく病気のせい」という星野医師の言葉です。これは**精神科医の常套句**ですが、それが強烈な自己暗示になってしまうことがよくわかるからです。

このように、大人の発達障害が知られていくにつれ、当事者による書籍や漫画の発刊も増えていきました。当事者たちの苦労した体験談は、「発達障害あるある」のような共感を作り出し、さらに多くの人々に広がっていきました。この手の書籍では、診断を受けたことで自分が先天的な脳機能障害であったことが理解でき、そこで人生が大きく変化したとするエピソードがほぼ例外なく紹介されています。

こういう当事者のエピソードにおいて、周囲の無理解、不寛容への対抗策として、発達障害診断が有効な手段となったという点は否めないでしょう。診断が自分の特性の理解や周囲の意識変化につながったのであれば、それは診断がプラスに作用したということでしょう。

しかし、読んでいて気になる描写も多々あります。書籍向けに細かい描写を省略しているのかもしれませんが、そんないい加減な検査や問診で簡単に診断がつけられ、投薬が始まっても大丈夫なのか？　薬についてそんな簡単な説明を受けただけで決めてしまっていいのか？　診断は絶対ではないのに、まるで先天的脳機能障害が証明されたかのように信じてしまって大丈夫か？　などと心配になります。

そして、発達障害の概念はさらに拡張されるようになっています。専門家やマスコミは、「高齢者の発達障害」という言葉まで使うようになりました。たとえば、『週刊朝日』２０２０年1月31日号には「認知症と間違われやすい…『シニアの発達障害』の実態とは？」と題する記事が掲載されています。そもそも認知症という診断自体にも多々問題がありますが、「高齢者の発達障害」という概念も眉唾モノです。

専門家の主張に従うのであれば、高齢者になってから発症するものではなく、単に見過ごされていただけで幼少期からその症状があったはずだということになります。つまり、幼少期の状況をできるだけ詳細かつ客観的に確認することが診断において必須になります。しかし、その高齢者の幼少期を知っている肉親は存命しているのか、そして正確に記憶を基に説明できるほど健在なのかという非常に高いハードルがあります。

客観的な情報がないのであれば、本人に幼少期のエピソードを確認するなどしかありませんが、記憶や判断力に衰えの出てきた高齢者に対し、結論ありきの誘導的な問診をするような専門家も必ず出てくるでしょう。発達障害バブルが高齢者にまでおよぶことは必至です。

## 自己暗示と依存を引き起こす診断

たとえ、「大人の発達障害」なるものが実在していたとしても、専門家が正しく診断できるかどうかは別問題です。第一人者とされる専門医ですら、薬を飲んで良くなったら間違いなく発達障害だとデタラメなことを説明するくらいなので、ブームに便乗する有象無象の精神科医のレベルなど推して知るべしです。

実際、成育歴など調べることもせず、チェックリスト診断だけで簡単に診断や薬の処方をするような、にわか発達障害外来も乱造されています。行政にはよほどの健康被害がない限り、医療の中身自体について指導する権限がありません。誰も責任をもってその診断や治療の質を取り締まっていない以上、儲け主義のデタラメ医療機関の増殖は止められません。

普通の業界であれば、あまりにも質の低いものは自然と淘汰されます。ところが、発達障害を含む、精神医療の業界は普通ではありません。**質の低さに一定の需要があるの**です。薬だけもらえたら良い、診断書さえもらえたら良いと考える人もいるのです。

健康になりたい人はいても、病気になりたい人などいない――普通はそのように思うでしょう。しかし、世の中そう単純ではありません。**何らかの理由で病気になりたい人がいる**のです。病気になることで何らかの手当がもらえるという経済的な利益以外にも、病気になることで社会的責任を回避したいという社会的な利益もあります。病気になることで何かができない理由付けにしたいという正当化にもなります。

確かに、詐病によって何らかの利益を不当に得ようとする人は存在します。詐病を見抜くことができない精神科領域は、しばしば不正の温床となってしまいます。問診の際に適当にそれっぽい返答をするだけで簡単に診断書が手に入るため、傷病手当や売買目的の向精神薬を騙し取ることは容易です。目立つほど派手にやったことで不正が発覚して摘発された事例もありますが、ほとんどが発覚しないままでしょう。

とはいっても、診断書を欲しがる人は皆そのような詐欺師やずるい人ばかりかというと、まったくそうではありません。ほとんどは**社会的に追い詰められている人**です。その人にとっては、診断されることがある意味最後のセーフティネットになっているのです。

多くの人々は限定されたコミュニティの中で生きています。1日のうちのほとんどを家庭内で過ごす人もいたら、職場内で過ごす人もいます。その最も深く関わりのあるコミュニティが必ずしも健全というわけではありません。子ども社会である学校のみならず大人の世界でもいじめが起きているのは周知の事実です。各種ハラスメントのような目に見える抑圧以外にも、同調圧力や無理解、失敗が許されない雰囲気などといったものもあります。また、不健全とまではいかなくても、単純に合う合わないの問題もあります。そういうコミュニティの中で過ごしていると、何らかの生きづらさを感じるのは当たり前のことです。

最善は、うまく対処できる能力や方法を身に付けることです。要するに、環境が悪いなら自分で良い環境を作ることです。無理にそのコミュニティにとどまらず、自分に合うコミュニティを見つけ出すのも良いでしょう。しかし、そんなことが簡単にできたら誰も苦労しません。そのコミュニティから離れたくても離れることができない状況もあるでしょう。だからこそ何らかの支援が必要になってきます。

## 医療の領分を超えて手を広げる精神医療の傲慢

実は、精神科に駆け込む人が抱える問題は、本来医療以外で解決すべきものが多々含まれています。

たとえば、学校に行こうとすると情緒不安定になって泣き続けるので学校に行けないという子どもが、精神科に連れてこられたとします。学校でいじめがあってそうなったのであれば、それは正常な反応です。対処すべきはその子ではなく加害者や学校です。でも、診察室にやってきたその子だけを見た場合、正常ではない反応は脳に問題があると考える精神科医（生物学的精神医学一派）は、抗不安薬を服用させて反応を無理やり抑え込むといった対処をしてしまいます。

他にも、多重債務による不安は精神科医が解決すべき問題ではありませんし、失恋による悲しみも精神科医が解決すべきものでもありません。**本来医療で解決すべきではない問題を無理やり医療で解決しようとするからおかしくなる**のです。それは、医療以外の支援が乏しいという意味であると同時に、**精神医療に過剰な期待を寄せるよう大衆を誘導した啓発キャンペーンの結果**でもあります。

「生きづらさを感じる＝発達障害＝生まれつき脳に問題がある」という思考は非常に短絡的であり、生物学的精神医学の発想です。生きづらさの正体は、本人の未熟さ（単に正しい対処法を知らない、知識が不十分）なのかもしれませんし、抑圧的なコミュニティに関わることで生じた正常な反応かもしれません。まったく文化や生活様式が異なる国に行けば、完全に解消されてしまう問題かもしれません。

もっとも、まともな専門家は何でも安易に発達障害に結び付けず、本人のコミュニケーション能力を高めるための手助けをしたり、環境調整を優先させたりします。ただ、そのような対処は大変時間と労力が必要であり、それに対する診療報酬は割に合いません。一方、チェックリスト診断と安易な投薬だけで患者の回転を速めるようなところには、どんどんとカネが入ってきます。その原資は我々国民が納める保険料や税金といった公金です。

そのような歪みをもたらしているのは、安易な啓発キャンペーンによる患者の掘り起こしです。それは啓発ではなくもはや自己暗示です。追い詰められ、不安を感じている人は何にでも飛びついてしまいます。溺れている人にとっては、つかめるものであればそれが藁であろうが人食いザメの鼻先であろうが何でもいいのです。カテゴリー4や5レベルのチェックリストを伴った報道や広告が目に入ると、「まさにそれだ！」となってしまうのです。

その結果、そのような生きづらさを抱える人は発達障害外来などの専門機関の扉を叩きます。そこがまともなところであれば、カテゴリー1以外の対象には診断を下しません。しかし、何度も言及するように、カテゴリー1に絞ったところで、本当に大人の発達障害なるものが存在し、その人が確実にそれに罹患しているのかどうか誰にもわかりません。

ただわかっていることは、**診断が時に強烈な自己暗示として働いてしまう**ということです。大人の発達障害に関する体験談では、必ず「診断を下されたことで安堵した」という体験が語られています。これは、**真実が判明したことによる安堵感ではありません**。人は原因がわからないことを最も恐れます。地震の原因を龍や大ナマズだと信じたように、わからないという空白状態よりも、たとえ間違っていても何らかの原因が示される方が落ち着くのです。

特性を理解することは良いことかもしれません。しかし、それをすべて生まれつきの脳の問題に結び付けてしまうのは危険です。それには根拠がないからです。当事者を取り上げる発達障害啓発キャンペーン報道や広告では、生まれつきの脳の問題だったとわかって安堵した、というような当事者によるコメントが多く見られます。そのように思うのは自由ですが、診断されたことでそれが証明されたことにはならないことに注意する必要があります。

恐ろしいのは、その診断名が絶対的な拠り所となってしまい、それに依存する人々が作られてしまうことです。診断はあくまでも参考であるはずが、まるで「脳障害の証明書」みたいになってしまうことで、「自分は生まれつき脳に問題があるので……」という何かができない、何かをやらない理由になってしまいます。

そのようになってくると、診断名が主体性を奪うようになります。発達障害に該当する特性があったとしても、それはあくまでもその人の一部でしかないはずです。ところが、まるで発達障害診断が主で、その人自身が従となる、文字通り主従逆転現象が起きてしまいます。何をするにしても、どんな状態に対しても「発達障害だから」が先に来るようになり、自分自身は発達障害であることの結果に過ぎなくなってしまうのです。周囲の人々も診断名、つまり貼られたレッテルを通してその人を見るようになります。その人の失敗も成功も日常の行動もすべて発達障害に関連付けされてしまうようになります。**発達障害への偏見をなくそうとする運動が、かえってその人自身への偏見をもたらす**ことにもなります。

そして、**世の中にはまともな専門家だけではない**ということを改めて強調しておきます。人々の不安を煽り、自己暗示や依存心を利用し、自分の医療機関に囲い込む専門家がいます。薬を使えばさらに依存させることも可能です。比較的まともな専門家であっても、扱う対象は実体のないものである以上、意図せずに不適切な診断を下したり、患者を診断や薬に依存させてしまったりすることもあるでしょう。

現時点において発達障害に関する「正しい診断」は存在しません。正しいと思われる診断はありますが、その正しさも客観的ではなく主観的なものです。診断は証明ではなく一つの見解に過ぎません。そのような不確実なものは、参考にはできても絶対的な拠り所にはなりません。それに依存することがいかに問題であるのか理解できるかと思います。

## 誤解と偏見を生み出す発達障害啓発キャンペーン

発達障害啓発キャンペーンが無責任であるのは、**リスクおよび不利益について誠実に知らせていない**ことです。診断されることは本人の利益だと思い込んでいるかもしれませんが、たとえその診断が正しかったとしてもさまざまな社会的不利益が生じることになります。誤診をされると間違いなく不利益を被ることになりますが、誤診のリスクは当たり前に存在します。そして、健康被害に繋がるデタラメな治療は不利益以外の何物でもありませんが、そのようなデタラメ治療の被害に遭うリスクは決して無視できません。

よく、「リスクとベネフィットを天秤にかけて……」などと言われますが、リスクが無視されているのであれば天秤にかけようがありません。たとえ善意であったとしても、リスクのある儲け話を持ちかけながらリスクについて正直に説明しない人がいたらいかがでしょうか。どんなに良く言っても無責任であり、詐欺だと非難されてもおかしくありません。リスクを意図的に隠したのではなく、無知ゆえにリスクを理解できず、伝えることができなかったのかもしれません。その場合、損失について真摯に対応するのであれば、無知ではあったが責任は取ったということになります。

ところが、発達障害キャンペーンに加担する人々の大半は、その弊害を指摘する声に一切耳を傾けることなく、一部で深刻な被害が生じていることを認めることもありません。たとえ認めたとしても、啓発のためであれば仕方がない、一部の不届き者の問題であって自分たちには関係ないという態度を取り、自分たちこそがそのような被害を広げているという自覚はまったくありません。

しかし、マスコミ関係者の中でも、このような一方的なキャンペーン報道に疑問を持っている人はわずかに存在します。実際、発達障害をめぐり、ずさんな診断や投薬の被害も出ていることを取り上げようとした人は何人もいます。しかし、その企画はことごとくつぶされてきました。大手新聞社でも全国テレビ局でも、良いところまで行ったのに結局上層部の判断で流れてしまうということが何度も続いています。

どうやらマスコミの基本的な方針によると、議論のある主題を取り上げる際には、一方的な内容にせず、両論併記する形にしないといけないようです。

ところが、発達障害の診断や治療、発達障害キャンペーンの問題を追及するような内容であれば両論が必要となる一方、推進側主体の内容にはそれが不要となるのです。結局、そのようにして発達障害キャンペーンは一方的な正しさを押し付ける形となっているのです。

もうすでにうつ病キャンペーンで明らかになっていることですが、このような一方的なキャンペーンを信じて被害に遭った人に対し、情報の発信者が何かを補償することなどあり得ません。訴訟大国のアメリカならともかく、日本では被害者は常に泣き寝入りです。

とはいえ、金銭で償うことだけが責任を取る方法ではありません。偏った一方的な報道を訂正したり、ずさんな実態を取り上げて注意喚起を促す報道をしたりすることは最低限の責任でしょう。心ある報道関係者がそれを実現することを願っています。

しかし、私の願いとは裏腹に、発達障害キャンペーンはどんどんと先鋭化しているようです。うつ病キャンペーンと同様、あるあるネタレベルのチェックリストが無責任に乱造されています。大人の発達障害においても「雑談の輪に入れない」「片付けができない」「メモがとれない」というだけで、あなたは発達障害かもしれませんと暗示にかけるようなひどい内容の啓発報道も散見されます。これは「理解」をもたらすのではなく、偏見や自己暗示を生み出すものです。

多様性を認め、他人の特性を認める共生社会を目指すという意味で、特性のある人々が存在するということ、またその特性が周囲に理解されない問題が知られることは大変意義があると私も思います。

しかし、発達障害を前面に出すこの手の報道には、ある一つの疑問が生じます。それは、偏見をなくそうとする意図とは裏腹に、逆に偏見を生み出す役割を果たしているのではないかということです。それは色眼鏡となり、人の性格や行動を、常に発達障害ではないかという疑いを通して見るようになります。それは、あるがままのその人自身に向き合うことからかけ離れていきます。

## 専門家の偏見を一般社会に拡散するだけ

もっとも、マスコミ関係者だけが悪いわけではありません。そのような報道に登場する、あるいは監修する専門家こそが問題です。誤解と偏見を生むような報道を戒めるべき立場にある専門家がむしろそれを助長しているからです。

専門家こそが一番偏見を持っていると私は思います。なぜならば、そうならざるを得ない立場と視点にあるからです。現場で診察をする専門家のところには、すでに「疑わしい」とされた人がやってきます。必然的に、発達障害ではないかという視点でその人のことを診ることになります。診察室という限定された空間の中、限られた時間で接する以上、その人すべてに向き合うというよりも、あくまでもその人の一面的な姿に過ぎない病的な部分に特化して向き合うのが専門家です。

つまり、**そのような専門家の視点を一般の人間関係に持ち込むこと自体が誤り**なのです。ところが、発達障害キャンペーンはこれらを区別することなく混ぜてしまうことで、一般人を発達障害発見部隊へと変貌させてしまったのです。診断する能力も権限もなく、鑑別・除外診断の視点もない一般市民が、誰それは発達障害だと決めつけるようになったのです。

専門家の視点がどれほど差別的なのかわかる例を挙げてみましょう。前述した『大人の発達障害ってそういうことだったのか』では、発達障害に特有の社会性の障害について探る際のポイントとして、次のようにまとめられています。

「仲のいい友だちはいますか」「ガールフレンド／ボーイフレンドはいますか」と聞き、二十歳ぐらいでも「いません」と答えれば、疑わしい

普通に考えたら非常に失礼で偏見まみれの視点であり、大きなお世話だと言いたくなります。もちろん、著者らには言い分があるでしょう。あくまでも探りの質問だとか、これだけでは特定しないとか、すでに疑いのある診察対象者に限定したものだとか、それなりにもっともらしい説明はあるでしょう。しかし、専門家がこのような色眼鏡的視点から人を評価するという事実は変わりません。

さらに恐ろしいのは、報道がこのようにインパクトのある質問やチェックリストを取り上げ、あたかもそれに該当するのは発達障害であるかのように人々に知らせてしまうことです。このような質問は、特定の条件下においてはそれなりに有効と思われているかもしれません（私は決してそうは思いませんが）。しかし、それを一般社会に広く適用してしまうと有害になるのです。

さらに別の視点からの批判も忘れずにしておきましょう。このような無責任な発達障害

キャンペーンは、自己暗示にかかった人々を不要に医療機関へと殺到させる役割を果たしていますが、不利益をこうむるのは過剰診断された人々だけではありません。本当に必要な人に医療や福祉が行き渡らなくなることで不利益を受ける人がいます。そして、無駄に社会保障費が使われるということは、納税者である我々にとっても不利益です。つまり、全員に不利益をもたらすということです。

## ステマ化した健康医療番組

発達障害キャンペーンの中でも最も影響を与えやすいのは、やはり**テレビ番組**でしょう。特に、ＮＨＫは民放と違って公共放送という位置付けがあるため、より人々が信頼しやすいブランドとなっています。ＮＨＫであれば、製薬会社がスポンサーになっているわけでもないので、中立で公正な放送をしてくれるはずだ……と思っているのなら大きな勘違いです。むしろ、番組によってはダイレクトに影響を受けているものもあります。

株式会社ＮＨＫエンタープライズというＮＨＫの番組制作会社があります。また、ＮＨＫ厚生文化事業団という関連する社会福祉法人があります。この2団体は、特に認知症とうつ病、統合失調症に関するフォーラムを製薬会社協賛の下、開催してきました。具体的には**図16**のようなものがあります。

## 図 16　NHKと製薬会社が開催したフォーラム

| 開催日時 | 催事タイトル | 主催 | 協賛 |
|---|---|---|---|
| 2010/1/16 | NHK ハート・フォーラム<br>「統合失調症を知る<br>――症状・治療・回復――」 | NHK、NHK 厚生文化事業団 | 大塚製薬株式会社 |
| 2010/3/12 | 認知症フォーラム<br>「寄りそう心 支える社会<br>――認知症とともに歩む――」 | NHK 厚生文化事業団 | エーザイ株式会社、ファイザー株式会社 |
| 2015/10/18 | フォーラム<br>「うつ病と躁うつ病を知る」 | NHK エンタープライズ | 日本イーライリリー株式会社 |
| 2016/7/31 | フォーラム<br>「統合失調症を生きる<br>～病とともに　自分らしく～」 | NHK エンタープライズ | 大塚製薬株式会社 |
| 2019/11/24 | TV シンポジウム<br>「認知症とともに生きる・<br>当事者に寄り添う医療とケア」 | NHK 厚生文化事業団、NHK エンタープライズ | エーザイ株式会社 |

　このようなフォーラム、シンポジウムは後日、NHK教育テレビ（Eテレ）で放映されることになるのですが、製薬会社から多額の金銭を受け取っている精神科医も登壇し、薬物治療の有効性、安全性を強調する一方、その問題点についてほとんど触れないというのがお決まりのパターンです。つまり、製薬会社がスポンサーとなったイベントで、製薬会社から金銭を受け取っている専門家が多々登場して偏った情報を垂れ流すという内容が、公共放送として放映されるということです。

　これは、利害関係者による宣伝そのものと疑われてもおかしくありません。しかも、イベント参加者やテレビの視聴者には、登壇する精神科医がどれだけの金銭を受け取っているのかもわからない状態です。これは、公共放送の名を借りた悪質なステルスマーケティング（それが宣伝であると消費者に悟られないように宣伝を行う、消費者を欺くマーケティングのこと）ではないでしょうか。民放の露骨な番組よりもはるかに性質が悪いと私は思います。ちなみに、公開されているＮＨＫ厚生文化事業団平成25年度事業報告書を見ると、同事業団の賛助会員に日本イーライリリーの名が記載されています。

製薬会社との露骨な関係について批判が寄せられたのかわかりませんが、製薬会社とタイアップした認知症やうつ病、統合失調症のキャンペーンとはうって変わり、ＮＨＫが局全体を挙げて展開するようになった発達障害キャンペーンからは、直接製薬会社の匂いがしないようになっています。恐らくそのあたりを慎重にしているのでしょう。

しかし、間接的な匂いはプンプンしたままになっています。たとえば、ＮＨＫ教育テレビの健康医療番組である「きょうの健康」で２０１９年10月28日に放送された内容を取り上げてみましょう。「発達障害　あなたの疑問に答えます！『大人の注意欠如・多動症（ＡＤＨＤ）』」というタイトルのこの日の番組は、大人の発達障害の権威である岩波明医師（昭和大学医学部精神医学講座主任教授）が登場し、専門家として大人のＡＤＨＤやその治療について解説する内容になっています。すでに番組紹介はＮＨＫのアーカイブから削除されていますが、この番組をもとに作成された記事「大人の『注意欠如・多動症（ＡＤＨＤ）』とは？　特徴や

## 図 17　岩波明医師による、大人の ADHD に関する解説

| 大人の ADHD をコントロールするためには? |
| --- |
| ADHD の特性をうまくコントロールすることで、よりスムーズで快適な社会生活を送ることができます。治療としては、薬で症状をやわらげることや、行動の改善を図り、対処法を身につけることなどが行われています。しかし、大人の場合、薬以外の治療法はほとんど普及していないのが現状です。 |
| **大人の ADHD　薬による治療** |
| 大人の ADHD の治療薬として認可されているものには、「メチルフェニデート徐放錠」と「アトモキセチン」、「グアンファシン」があります。中でも「グアンファシン」は、2019 年 6 月に ADHD の大人への使用が新しく認可されました。これらの薬は、いずれも「多動・衝動性」、「不注意」といった ADHD の症状に広く有効だとされています。<br>比較的早めに効果を得たいときは「メチルフェニデート徐放錠」を選択します。のんだ直後から効果がみられ、12 時間程度続きます。また、「アトモキセチン」や「グアンファシン」は効果が持続することが特徴ですが、効果が現れるまでに時間がかかるという面もあります。症状や人によって、違う薬が効いたりします。またどちらかだけでは不十分なときは、複数用いることもあります。<br>これらの薬の副作用としては頭痛・食欲不振・吐き気などが挙げられます。「メチルフェニデート徐放錠」には、不眠や動悸(き)がみられることもありますが、いずれも軽微なものだと言われています。様子を見て容量を徐々に増やしていきます。 |

［出典：NHK「健康 ch」ホームページ（2020 年 4 月 25 日閲覧）
https://www.nhk.or.jp/kenko/atc_1070.html］

治療を解説！」が、NHKのホームページに掲載されています。そこから一部引用します（**図17**）。

「メチルフェニデート徐放錠」とはヤンセンファーマ株式会社が製造販売するコンサータ、「アトモキセチン」とは日本イーライリリー株式会社が製造販売するストラテラとそのジェネリック医薬品、「グアンファシン」とは塩野義製薬が製造販売するインチュニブのことを指します。ここの情報だけだと、薬にはちょっとした副作用はあ

るものの、大した危険もなく効きそうな気分にさせられます。

しかし、頭痛・食欲不振・吐き気・軽微な不眠・軽微な動悸くらいを警戒しておけば良い薬なのでしょうか。事実を知りたいのであれば、それぞれの薬の「医薬品添付文書」をじっくりと読むことをお勧めします。専門用語が多過ぎて難しいと感じるようなら、それぞれの「患者向医薬品ガイド」をお読みください。いずれも医薬品医療機器総合機構のホームページで確認できます。

医薬品添付文書の「重要な基本的注意」の項目では、自殺（ストラテラ、インチュニブ）、失神（インチュニブ）、心血管系への影響（コンサータ、ストラテラ、インチュニブ）、幻覚などの精神病性又は躁病の症状（コンサータ、ストラテラ）、攻撃性（コンサータ、ストラテラ、インチュニブ）といった副作用が発現するリスクについても注意喚起されています。

医薬品添付文書に記載されている副作用について、「これは製薬会社が責任逃れをするために、滅多に起こらない副作用についてもとりあえず書いているだけだ」「すべて患者に伝えたら怖がって薬を飲まなくなる」と主張する精神科医もいます。

しかし、先ほど挙げた副作用はすべて「重要な」、しかも「基本的」注意であり、しっかりと最初に「本剤を投与する医師又は医療従事者は、投与前に患者（小児の場合には患者および保護者又はそれに代わる適切な者）に対して、本剤の治療上の位置づけおよび本剤投与に

**図 18　岩波明医師が抗 ADHD 薬を製造販売する製薬会社から支払われた金額**

| | 塩野義製薬 | ヤンセンファーマ | 日本イーライリリー |
|---|---|---|---|
| 2016 年度 | 206,240円 | 334,110円 | 3,118,360円 |
| 2017 年度 | 72,184円 | 534,576円 | 3,229,730円 |
| 2018 年度 | 0円 | 668,220円 | 1,670,550円 |
| 3 年分合計 | 278,424円 | 1,536,906円 | 8,018,640円 |

※講師謝金、原稿執筆・監修料、コンサルティングなど業務委託料の合計金額

よる副作用発現等のリスクについて、十分な情報を提供するとともに、適切な使用方法について指導すること」と書かれてあります。

これらは医師が患者に説明するべきものであり、番組が説明することではないと開き直られるかもしれません。しかし、仮にも公共放送を名乗る以上、薬に過剰な期待感を抱かせて副作用を過小評価するような情報はやはり偏っていると言わざるを得ません。そして何よりも見過ごせないのは、このように解説する岩波医師が、まさにこれらの薬を製造販売する製薬会社から多額の金銭を受け取っているという事実です（**図18**）。

以前も申し上げましたが、金を受け取ったこと自体が悪いのではなく、その事実が知られていないことが問題なのです。岩波医師が、まさに解説している薬を製造販売する製薬会社から3年で合計1千万円近く受け取っている事実など、視聴者はまったく知らないのです。

もちろんこれはＮＨＫだけの問題でもありません。民放の健康医療番組に出演する専門家がやたらと偏った情報を発信することも多いのですが、彼らが製薬会社からどれだけの金を受け取っているのか視聴者は理解しないまま情報を受け取ることになります。おそらく番組プロデューサーもわかっていないことでしょう。

## 歴史上の偉人まで発達障害と断定

先ほど、さかもと未明さんの例を紹介しましたが、「発達障害に正しい理解を」という類の番組や記事、書籍には必ずと言って良いほど、発達障害の有名人が出てきます（図19）。発達障害と診断されて人生が変わったと説明するような芸能人、アナウンサー、スポーツ選手、アーティストなどが紹介されますが、実はこれらの人々は発達障害と診断されただけであって、発達障害であると科学的に証明されたわけではありません。当然、彼らは先天的な脳機能障害であると証明されたわけでは決してありません。

診断はあくまで一つの「意見」に過ぎません。証明でも何でもありません。検察側と弁護人側の精神鑑定の結果がまったく異なることが普通にあるように、これは「事実」ではなく「意見」なのです。それをさも「事実」であるかのように報道されるから誤解や偏見が生まれます。

**図19　発達障害を自称する有名人一覧表**

| 名前 | 職業 | 障害名 |
|---|---|---|
| 勝間和代 | 経済評論家 | ADHD |
| 三木谷浩史 | 実業家 | ADHD |
| 小島慶子 | フリーアナウンサー | ADHD |
| 武田双雲 | 書道家 | ADHD |
| 栗原類 | モデル、タレント | ADD（注意欠陥障害） |
| ミッツ・マングローブ | タレント | LD |

さらにひどいのは、専門家がしたり顔で出てきて、エジソンやアインシュタイン、モーツァルト、坂本竜馬らは発達障害だったなどと断定的に言い出すような番組です。いやいや、生きている人間でさえ簡単に診断を下せないのに、どうやって会ったこともなく、その人を直接知っている人に丁寧に聞き出したわけでもないのに診断を下せるのでしょうか。まさか普段から除外診断などせず、チェックリストに当てはめただけで診断しているのでしょうか。おそらく、普段からそのようなことをしているからこそ、その延長で勝手に過去の偉人を発達障害などと臆面もなく判定してしまうのでしょう。誰もエジソンや坂本竜馬が生まれつき脳機能障害を持っていたことなど証明できません。彼らが発達障害だというのは、推測に過ぎない、しかも故人の名誉を棄損しかねない意見です。

意見は意見に過ぎず、事実の前では容易に覆されます。

「発達障害に正しい理解を」的な報道や書籍では、発達障害の著名人として俳優のトム・クルーズがよく引き合いに出されます。そして、台本を自分で読めなかった彼のエピソードを紹介し、生まれつきの特性だとか脳の機能障害だとか、本人の努力ではどうにもならないので周囲の理解が必要だなどと、一見するともっともらしい自説を都合よく展開するために利用します。

しかし事実はこうです。トム・クルーズが台本を自分で読めなかったのは事実でした。学習障害の一つであるディスクレシア（読字障害）とされたのも事実です。しかし、彼が先天的な脳機能障害であり、その特性は治るものではないというのは事実ではありません。なぜならば、**彼は単に学び方を知らなかった**だけだからです。学び方を知ることで、今や彼は自分で本を読めるようになったどころか、自分で学んでヘリコプターの免許まで取得できるようになっています（映画『ミッション：インポッシブル』シリーズでは、自らヘリコプターを操縦するシーンが撮影されています）。

もしも専門家が主張する通り、生まれつきの脳の問題であるとしたら、それが完全に「治る」ことなどあり得ないはずです。幼少時代から大人になってもそれが続いていたので、一生障害と付き合わないといけないものだと本人も周囲も思い込んでいたことでしょう。

しかし、トム・クルーズは単に正しい方法を知らないという、いわば未熟な状態でした。

つまり専門家は、「未熟さ」と「生まれつきの脳の問題」を区別できないということです。そんな専門家たちが診断する以上、彼のように誤ってレッテルを貼られてしまっている人は数えきれないほど存在することでしょう。

トム・クルーズは、自ら証明して自分に貼られていたラベルを剝がしただけではなく、これ以上自分と同じように安易にラベルを貼られる犠牲者を出さないよう、子どもだけでなく大人たちも適切な学び方を理解できるような学習支援を展開しています。

このような事実を確認もせず、今なお「あのトム・クルーズも実は学習障害なんです！」となぜか得意気に引き合いに出すような専門家がいたら、まあその程度だということです。トム・クルーズ本人はそのような扱いを受けることについて誰よりも怒ることでしょう。そして、勝手に発達障害にされている歴史上の人物も、もしも生きていたら余計なお世話だと怒ることでしょう。

一方的に発達障害にされてしまう被害者はそれだけではありません。フィクションである漫画や小説、ドラマなどの登場人物までも勝手に発達障害扱いする専門家もいます。作者が発達障害を意図して登場人物を描いていたという事実があるのならともかく、明らかにそうでない作品に対しても勝手に言及しているのです。本人はおそらく専門的視点から作品を解説してあげているつもりなのでしょうが、他人が作り上げた世界に土足で踏み込むその姿に、精神科医の傲慢さを感じるのは私だけでしょうか。

## タブー化しつつある発達障害批判

周囲に理解されない特性があることで苦労している人はたくさんいるでしょう。そして特性のある子を育てる中で、周囲から散々非難された親はたくさんいるでしょう。

理想は、そのような特性が受け入れられる社会を作ることであり、そのような社会を実現するよう進んで行くことは大変重要です。しかし、苦しんでいる人にとっては将来ではなく今こそが重要なのだという現実があります。今を生き抜くことができなければ将来などないからです。

そのような無理解な社会、あるいは多様性や共生へ向かう過渡期である社会に対する防衛手段として、発達障害という診断をもらうことで自分や家族を守っている人がいます。社会から不適応とされた自分を無理やりその社会に適応させるために、不本意であっても薬を飲み続ける人もいます。

これらの人々にとっては、発達障害診断や薬がある種のセーフティネットとして作用しています。そのようなギリギリで生きている人々に対して、診断や薬を頭ごなしに否定するつもりは毛頭ありません。

しかし、本当は他に適切な手段があったはずなのに、安易な発達障害啓発キャンペーンによって唯一の道であるかのように診断と薬に誘導され、袋小路に追い詰められてしまったような人も中にはいます。その人を救ったと思われていたものが、それなしでは生きられない依存状態に追い込んでいたということです。それは私の勝手な決めつけではありません。診断と薬が自分を縛り付けていたことに気付き、それを手放して他の手段を選ぶことで、まったくそれらを必要としない状態にまで回復した実例がいくつもあるからです。

専門家に繋げることが必ずしも正しい診断や適切な支援に結び付くわけではない以上、発達障害という主題に対して、もっとさまざまな角度からの批判的検証があっても良いでしょう。専門家に対してもっと批判の目が向けられても良いでしょう。必ずしも診断を必要としない支援の在り方があっても良いでしょう。

ところが、私たちは最初に一方的な「正しい理解」を求められています。早期に専門家に繋がり、早期に診断されることこそが最善だとする一方的な価値観を実質的に強要されています。それに疑義を唱えると、「差別」「無知」「無理解」「医療否定」などとレッテルを貼られ、攻撃対象にされてしまいます。もはや**発達障害批判はタブー**になりつつあり、何かがおかしいと思ってもうかつに口に出せない雰囲気もできあがっています。

## 生きづらさは発達障害なのか甘えなのか

ただし、感情的な批判が不要な反発や炎上を招いている側面もあります。「発達障害は甘え」という批判はまさにその典型でしょう。そのような言い方をする人に話を聞いてみると、必ずしも最初からそのような偏見を持っていたわけでもないことがわかります。そのような考えに至った経緯があるのです。これはまさに、うつ病キャンペーンがもたらした新型うつ病騒動と同じ構図です。

かつてうつ病は、起き上がることもできないほど重い症状の人に限定して診断が下されていました。ところが、DSMが導入されることでうつ病の定義が拡張され、チェックリスト診断でうつ病診断が乱発されるようになりました。すると、普通に生活できているのにうつ病診断を手に入れようとする人や、うつ病の診断書を会社に提出して休職中なのに海外旅行を楽しむような人が現れました。一部の精神科医やマスコミが、従来のうつ病とは違う「新型うつ病」だなどと非公式に命名したためにますます混乱がもたらされました。

なかには、診断書をまるで印籠のように振りかざし、堂々と遊びながら他の人に仕事を押し付けて、傷病手当をちゃっかりもらう傍若無人な振る舞いをする人も出てきました。都合の悪いときだけうつ病になって責任を回避するような人も出てきました。

そのような人々の姿に反発を覚え、なぜこのような人がうつ病と診断されるのかという怒りが周囲に噴出するのは必然でした。身近にそういう例があれば、うつ病とはそういうものだと思ってしまい、過度な一般化ではあるものの「うつは甘え」という考えに至る気持ちはわからないではありません。

病名を振りかざして好き勝手する人が問題であることは間違いありませんが、**それを可能にしたのはその主治医であり、そのような理不尽がまかり通るようにしたのは精神医療の非科学性です。**それらにこそ批判が向けられるべきですが、「うつは甘え」という言葉は批判の対象があまりにも一般的であり、本当に苦しんでいる真面目なうつ病患者が理不尽に否定されたように受け取ってしまうことで、批判と反発がかみあわない、ねじれた対立が生じる結果となりました。

発達障害でもやはり、一部の患者が診断をまるで特権階級の証や免罪符であるかのように振りかざすことで、周囲に不要な反発や対立を引き起こしています。それを助長しているのは安易な発達障害キャンペーンです。

発達障害者の生きづらさにスポットを当てたキャンペーン報道に欠けている視点がありす。それは、大変なのは発達障害と診断された人やグレーゾーンと言われている人だけではないということです。経済が停滞し、格差が広がる中、ギリギリのラインで生活している人は山ほどいるのです。

この手のキャンペーンは、発達障害が身近で特別なものではないという印象を作り出したいあまりに、何でもかんでも発達障害の症状に結び付けてしまう傾向にあります。それは、共感と反発を同時に引き起こすことにもなります。共感は、自分も発達障害かもしれないという暗示となってバブルにつながります。一方、生きるために理不尽に耐えて必死に働いている人にとっては、取り上げられるエピソードが単なる甘えにしか映らなくなり、反感が引き起こされます。

甘えとうつ病は全然違う、甘えと発達障害は全然違う、と専門家は言います。実際それは正しいでしょう。

しかし、はたして現場でそれがしっかりと区別されているのかというのは別問題です。単なる甘えが正確に除外されているのでしょうか。そもそも詐病も見抜けないのに、どうやって単なる甘えを誤診しないという保証があるのでしょうか。はっきり言ってしまうと区別など無理です。それが現代の精神科診断の限界です。

この手のキャンペーンに、多様性を認める共生社会を目指すという意図があることは理解します。しかし、今のままキャンペーンを強化することでそのゴールに近付くとは到底思えません。なぜならばそれが世間に広げようとする「正しい理解」には矛盾があり、重要な情報と視点が欠けているからです。

発達障害翼賛体制下にある今、体制に異を唱えることは困難です。批判の対象や伝え方を誤ってしまうと即炎上する案件になります。とはいえ、誰かが声を上げないと悲劇はなくなりません。発達障害バブルに煽られた人を感情的に攻撃しても何にもならないどころか、無用な対立を生み出すだけでしょう。**無責任に発達障害バブルを煽る人々にこそ批判の目を向けるべき**です。

# 第六章

# 簡単に信用してはいけない精神医療業界

## 精神医学は科学ではなく政治そのもの

結局のところ、精神医学の診断、つまり精神科診断とは何なのでしょうか。今までお読みになった方は、精神科診断は他の身体医学とはまったく異なるということや、科学的という言葉からもほど遠い現状があることをご理解いただけたかと思います。通常の医学や自然科学と異なるとしたら、どのようなイメージでそれを受けとめたら良いのでしょうか。

精神科診断の本質を説明するために、まずはわかりやすい例で考えてみましょう。たとえば大人と子どもの境界線はどこなのでしょうか？　とりあえず我々の社会では年齢でその線引きをすることになっています。それが生物学的に正しい境界線かどうかはわかりませんが、とにかく法律によって境界線を人為的に設けたのです。人為的であるために、その境界線は移動できます。実際、20歳からが成人扱いだったものが、法改正によって18歳に引き下げられたりもします。

じゃあ、それと同じようなものだ！　と思ったら間違いです。この場合、境界線の位置の正しさについては議論があり、客観性に欠けるかもしれませんが、実在する線として境界線をはっきりと引くことができます。なぜならば、「年齢」という客観的にその数値の正しさが証明できる指標だからです。高血圧という発想も、境界線の位置の正しさについて議論はありますが、血圧という数値自体には客観性があります。

一方、精神科診断の場合、境界線の位置も怪しければ、その境界線自体も不安定で実在しないものです。20歳以上を成人、20歳未満を未成年と分類すること自体は客観的に可能ですが、周囲から一人前だと認められたら成人、そうでなければ未成年という区分の場合、分類は恣意的になり、解釈が入り込むことで境界線はブレて存在しなくなります。

操作的診断基準に使われるチェックリストを見たらわかりますが、年齢や血圧数値のような客観的指標ではなく、主観で判断せざるを得ない項目も目立ちます。

これはつまり医学というよりも政治の世界です。たとえば、操作的診断基準が「法律」で、「法律の運用」が診断と考えたらすっきりします。もともと、診断基準を決める作業自体が政治的です。どこからどこまでが正常で、どこからどこまでが正常ではない（disorder）のかという基準は、あくまでも人間が決めるのであり、観察して得られた客観的事実から決められたものではありません。そのため、運用に不都合が生じてきたら基準の改訂作業が行われます。

そういう意味では高血圧という病気も「政治的」ではありますが、境界線が実在しており判定は客観的です。たとえ人が作った「法律」であっても、運用は非常に厳格だということになります。一方、精神科診断は、「法律」自体にもその運用にも大きな問題があるのです。「悪法もまた法なり」といいます。ＤＳＭやＩＣＤによる基準は間違いなく「悪法」でしょう。

内輪からも非科学的だと批判されています。しかし、たとえ「悪法」だとしても、きちんと運用されていたらここまで被害が広がることなどないはずです。デタラメなチェックリストを広げ、過剰診断を作り出すという現状は、「悪法」をデタラメに運用しているという他ありません。

精神医学や精神科医の本質的な姿を知らず、そのイメージや名称だけで判断してしまうと痛い目に遭ってしまいます。精神医学を医学ではなく「政治」と捉え、精神科医を医師ではなく「政治家」（ここでは単に立法のみならず行政、司法すべての権限を持った存在）と捉えたら、より現実の姿に近付きます。そこは、絶対的な正しさではなく、権威や多数決が幅を利かす世界です。彼らには他人を裁き、人権を制限できる強大な権限もあります。彼ら次第で、ルール作成もその運用も、生産的にもなれば破壊的にもなります。

世の中にはいろいろな政党も政治家も存在します。皆が同じ見解を持っているのではありませんし、誰かの見解が絶対的に正しいというわけでもありません。精神科診断というのも、政治的見解のようなものです。ある精神科医によってＡＤＨＤと診断されたとしても、それは客観的事実ではなく単なる「政治的見解」なのです。別の精神科医は違う見解を述べるかもしれません。その見解を受け入れるのも拒否するのもその人次第です。決してたった一人の見解にしがみついたり振り回されたりする必要はないのです。

　また、日本の現代精神医学は、生物学的精神医学党（精神障害の原因はすべて脳などの生物学的異変にあるとみなす学派）によるほぼ一党独裁政権です。

　彼らは今まで満足な結果を出したことはありませんが、熱狂的な「党員」と潤沢な製薬会社からの資金のおかげでここまでやってきました。いまだ最大与党ではありますが、そのカリスマ性は失われつつあります。

　脳科学が格段に進歩する中で、いよいよ精神障害が生物学的に解明されると期待されましたが、どこの国の研究も無残に敗北しました。バイオマーカーを基に診断する新たな体系を構築しようと試みたDSM-5の初期構想も完全敗北でした。それでも日本国内においてしばらくこの勢力図は変わりそうにありません。ただし、最大のスポンサーである製薬会社が離れるなどすれば、今後別の「政党」が「政権」を執る可能性もないわけではありません。

## 客観的診断はあり得ない

　客観的で正確な診断を実現することは、精神医学が誕生して以来の悲願でした。歴史上誰も成し遂げたことがないからです。ところが、何らかの検査機器を用いてうつ病や発達障害などを客観的に診断するといった取り組みが時折取り上げられ、あたかも客観的で正確な診断が実現したかのように報道されています。

今までも光トポグラフィーや視線パターンを数値化する機器、血液検査などによって精神障害や発達障害を客観的に診断するといった試みがなされてきました。しかし、光トポグラフィーのような機器は、どう頑張っても診断補助機器にしかなれません。保険診療として認められたといっても、あくまでも「補助」の扱いです。決して単独検査によって診断が客観的に確定できるものではありません。

確かに、検査結果を数値化することはできます。ただし、その数値がどうなったときに障害と判定できるのでしょうか。境界線を設定したとして、その数値設定に客観的な根拠はあるのでしょうか。結局のところはそれが限界です。人間の下した診断とある程度結果が一致するように数値調整するだけであり、それが絶対的な正しさを示す指標にはならないのです。

ですから、「この検査をしただけで客観的に○○障害だと判定できる！」という類の宣伝文句は100％ウソです。何らかの状態をある程度客観的な指標として示したところで、それが○○障害と一致することにはなりません。100％正しい障害像という比較対象が存在しない以上、結果が正しいのかどうかの検証もできないはずです。

このように、**行動や身体の症状を数値化することで診断につなげようという試みには警戒が必要**です。なぜならば、それがさらなるバブル、診断インフレを起こしかねないからです。

すでに、スマホに対応した怪しげなアプリがいくつも開発されています。精神科医の監修の下、「うつ症状を数値化する」「ストレスを可視化する」などと一見すごそうな文言が並びます。これらもすべて同じトリックです。表層部のみに客観性を持たせただけで、本質部分に客観性は何らありません。

ＡＩ（人工知能）を使い、思考・表情・発言内容・行動などを可視化して臨床評価や治療に活用するという研究も進められていますが、これもすべて同じです。このような研究が進むと、必ず暴走する人が現れます。このような検査を健康診断の一環に取り入れ、特定の数値を示す人に精神科受診を促すということに繋がりかねません。境界線となる数値をいじるだけで、いくらでも対象者を意図的に増やすことができます。客観的な数値となれば人々は簡単に信じてしまうので、バブルはますます加速することになるでしょう。

精神科診断には科学的根拠がないという事実は変わりません。だからこそ、それが科学的に見えるような装いを精神医学は探し続けてきました。脳科学や脳測定機器、ＡＩ、ビッグデータといった最新科学の要素を次々と取り込んできましたが、それはあくまで表層部の装いだけにとどまっています。しかし、それだけでも人々を誤解させるのには十分です。

## 主観によって他人の人権を制限できる

さて、精神科診断に科学的根拠がないということを散々述べてきましたが、実は、科学的根拠がないこと自体は問題ではありません。世の中には科学的根拠のないもので溢れています。根拠がなくても役に立つものや生活の一部となっているものもあります。それらをすべて悪とみなして取り締まるというのもおかしな話です。

問題は、**科学的根拠がないにもかかわらず、他人の人権を制限できる強い力を持ってしまう**ということです。それは、差別の正当化にもつながります。占いには科学的根拠がありませんが、参考程度に楽しむ分には別に問題ないでしょう。しかし、占いの結果で死刑が執行されるようなことがあったらいかがでしょうか。

私が精神科医に言いたいのは、根拠がないのであれば、別にそのこと自体を責めるつもりもないので、せめて分相応に振る舞ってほしいということです。本当は根拠がないのにあるように見せ掛けたり、強大過ぎる権限を振りかざして不当に他人の人権を奪ったりするなと言いたいのです。

とはいえ、現場の精神科医だけに苦言を呈しても仕方がありません。なぜならば**制度自体に大きな問題がある**からです。

現行の精神医療福祉の世界は、精神科医の診断、判定が常に正しいものだという前提で制度設計されており、精神科医（特に精神保健指定医）にはその実力にふさわしくない過度な権限が与えられています。

基本的に精神科医が何らかの病名・診断名をつけるということは、その人が正常ではないと判定してラベルを貼ることになります。どこまでが正常でどこまでが異常なのかという明確な境界線など存在しないことをＤＳＭも認めています。異常とみなされている状態も、時代や文化が異なれば正常とみなされたりもします。ところが、精神科医（および精神医学の診断基準に基づいて診断する他科の医師）には、客観的な正しさを必要としないまま、主観的に他人にラベルを貼る特別な権限が与えられています。

もしもそのラベルがプラス評価であれば問題は起きません。実際はマイナス評価であり、ラベルを貼られた人の基本的人権を制限しても良いという証となります。おそらく一部の専門家は反論するでしょう。診断とはあくまで本人のためだ、本人をサポートするためのものだ、断じて差別のためなどではないなどと。

しかしそれはキレイごとに過ぎません。現実にはそうなっていないからです。たとえ主治医がそのような意図だとしても、周囲はそうとは受け取りません。診断のことを、公然と差別をしてもよいお墨付きだとみなす人もいます。

## 「診断＝差別」の精神医療の歴史

精神医療の歴史を振り返れば、診断＝差別ということは明らかです（図20）。日本の精神

| | |
|---|---|
| 1950 | 精神衛生法が成立。植松七九郎と日本精神病院協会二代目理事長の金子準二が同法の草案に関わり、同協会顧問であった中山壽彦参議院議員が中心となり議員立法の手続きを経て制定された。これによって精神病院院長の権限が強化され、強制入院や強制不妊手術が促進された。 |
| 1950 | 日本精神衛生会が発足。初代理事長は当時日本精神神経学会理事長も務めていた内村祐之。 |
| 1952 | 旧優生保護法改正。「非遺伝性の精神病または精神薄弱者」も強制不妊の対象となった。 |
| 1953 | 日本精神衛生会理事長・内村と日本精神病院協会理事長・金子が連名で厚生省に陳情を出す。「精神障害者の遺伝を防止するため優生手術の実施を促進せしむる財政措置を講ずること」や精神病床の増床等を要望した。 |
| 1954 | 国が精神病院開設国庫補助制度を設けた。 |
| 1958 | 厚生省事務次官通知により、精神科の人員は一般診療科に対して、医師数は約3分の1、看護師数は約3分の2を基準とする特例基準が認められた(精神科特例)。それによって精神病院は人件費を抑えた運営が可能となった。 |
| 1960 | 医療金融公庫法が施行され、民間医療機関への長期低利融資が始まった。日本精神病院協会の陳情通り、精神病院開設を促進する一連の政策が次々と実現された結果、1950年に1万8000床だった精神病床は1969年には約25万床となり、精神障害者に対する強制不妊手術から隔離収容へと一気にシフトした。 |

## 図 20　日本の精神医療の歴史

| | |
|---|---|
| 1886 | ドイツ留学から帰国した榊俶（さかき・はじめ）が東京帝国大学初代精神病学教授となり、日本の精神医学が始まった。 |
| 1901 | オーストリアとドイツの留学から帰国した呉秀三（くれ・しゅうぞう）が東大精神病学教授に就任。呉はドイツでエミール・クレペリンについて学び、日本ではクレペリンの精神医学が主流となった。 |
| 1930 | 日本民族衛生学会が設立された。ミュンヘン大学でクレペリンから学んだ東京大学精神病学教授・三宅鑛一（みやけ・こういち）、同講師の吉益脩夫（よします・しゅうふ）らも主要なメンバーに名を連ねた。 |
| 1938 | 日本学術振興会が第 26（優生遺伝）小委員会を作り、三宅鑛一を委員長、吉益脩夫、内村祐之（うちむら・ゆうし）、植松七九郎（うえまつ・しちくろう）らを委員に委託した。三宅は当時東大名誉教授で、後任の教授はドイツ精神医学研究所で学んだ内村が務めていた。内村は、それ以降大規模な精神病の遺伝調査を各地で実施する。その際、ナチス精神医療の中心人物であったリューディン（クレペリンの弟子）の精神病遺伝研究手法が用いられた。 |
| 1938 | 厚生省予防局優生課内で上記精神科医らを交えた民族衛生協議会が二度開催され、民族衛生研究会が設立された。同研究会はドイツの人種衛生学の強い影響を受けていた。 |
| 1940 | ナチス断種法をモデルとした国民優生法が成立。 |
| 1948 | 強制不妊手術を強化する優生保護法（1996 年改正、母体保護法に）が成立。 |
| 1949 | 私立精神病院経営者らが結束し日本精神病院協会が発足。設立趣意書では精神病院を「常に平和と文化との妨害者である精神障害者に対する文化的施設の一環」と表現。初代理事長の植松七九郎は前年の著書『精神医学』（1948 年文光堂書店）において、精神病者に対する優生的処置（結婚制限、避妊、隔離、断種）の中では、施設への隔離収容が「最も有効な方法」だとし、無能力者、反社会的人格者等を収容、保護、治療することで「優生学的の目的が達せられるのはいわば一石二鳥」と述べた。 |

医療の源流であるドイツ精神医療は、ナチス政権下で生きる価値のある生命とない生命を選別する役割を果たし、障害者大量虐殺や強制不妊手術を主導しました。日本の精神医療も精神障害者を不良な遺伝子を有する存在とみなし、政府に取り入る形で強制不妊や隔離収容を実施し、日本を世界一の精神病院大国へと変貌させました。

日本精神病院協会の設立趣意書（1949年）には「常に平和と文化との妨害者である精神障害者」と明記されており、その差別的姿勢が読み取れます。

そのような時代と今の精神医療はまったく違うと主張する人はいますが、変わったのは外見だけであり、本質が変わったわけではありません。少なくとも、患者をおとなしくさせることが治療のゴールとなっている精神科医や精神科医療施設は今でも普通に存在します。根拠のない多剤大量処方や長期漫然処方はなくならず、相変わらず精神科病院では精神医療従事者による虐待事件が発生しています。強制入院、身体拘束、隔離、電気けいれん療法の件数は軒並み急増しています。現場では、厚生労働大臣による基本方針（103ページ参照）が示されているにもかかわらず、インフォームドコンセントが無視あるいは軽視されています。本来は法律上認められていない強制服薬、強制注射も日常茶飯事です。

本来は誰よりも精神障害者に対する差別・偏見をなくす立場にあるはずの精神科医が、一番患者を見下しているというのはよくある話です。主治医と患者の関係は容易に「支配—被支配」という不均衡な構図に陥り、支配側の優越的地位を悪用する精神科医も存在します。

実際、法律上の規制がない日本では、精神科主治医がその立場を悪用して患者と性的関係を持つ性的搾取がすでに起きています。悪質な性的搾取を複数の女性患者にした挙句、都合が悪くなった相手に懲罰的な断薬や恫喝を行うなどし、自死に追い込むような精神科医も存在します（拙著『もう一回やり直したい　精神科医に心身を支配され自死した女性の叫び』）。

どこの業界にでも一部に悪質な輩《やから》が存在し、業界全体の評判を落としているものの、多くの人々は真面目に仕事をしているという構図は確かにあります。だから、一部の問題ある精神科医ばかりを取り上げるのはフェアじゃないという反論も聞こえてきそうです。

しかし、私は悪意のある精神科医だけが問題を起こしているわけではなく、むしろ真面目な精神科医の善意こそが曲者だと考えています。

精神科救急の最前線で何十年と真面目に働いていた精神科医から聞いたことがあります。その人は患者のことを「社会のストレスに耐えられない、過敏で傷つきやすい人たち」と思い込み、本人の意図に反してでも、「行動制限によって守ってあげなければ」と考えていたそうです。ようやくその考えのおかしさに気付いたその精神科医は、「よく話を聞き、家族にも寄り添う善意の医師に見える私みたいな者が一番罪作りです」と告白してくれました。

発達障害の診断、治療を手掛ける専門家の中にも、金儲け主義のデタラメな連中が存在します。しかし、発達障害バブルは悪意ある一部のデタラメな連中のみが引き起こしたのではありません。むしろ**人々の善意が利用されることで膨れ上がっています**。その中には、良かれと思って積極的に診断や投薬を進める専門家の存在があります。

良かれと思って他人に対してやることと、本当にその人のためになっているかどうかは別問題です。ナチス時代の精神医療従事者は、障害者を殺してあげることが本人のためだと信じ込み、むしろ善意で抹殺に加担していました。ここでのポイントは、善意であれ悪意であれ、「根拠なく」人権侵害を正当化していることです。

たとえば新型コロナウイルスなどの感染症対策では、感染者を一時的に隔離する必要があるかもしれません。その場合は確かに人権を制限することになりますが、その正当性を裏付けるだけの科学的根拠はあります。

一方、精神医療現場では根拠がないまま人権侵害が正当化されてきた歴史があります。そのわかりやすい例は、「精神障害が遺伝する」という科学的根拠のない意見を基に、強制不妊手術が合法化された「旧優生保護法」です。

たとえ与えられた権限が強大であっても、それを行使するのに見合うだけの根拠と責任と能力が伴っていて、第三者によって権限の濫用を防止できる仕組みが機能している限り、その領域は健全でいられます。しかし、精神医療業界にその健全さはまったく存在しません。

この問題は、精神科医に与えてしまった分不相応な権限を取り戻すか、権限の濫用（不当な診断や投薬、強制入院、行動制限、地位や専門性を悪用した搾取など）を監視して防止できる強力な第三者機関を作るか、患者の権利を明確にして立場を強くするかでしか解決できません。

## 人権侵害の歴史こそ精神医療の本質

もしも学生時代にとても陰湿で苛烈ないじめを受けた経験があるとしましょう。そのいじめの首謀者だった人物が医師になり、よりによって自分や家族の主治医になるようなことがあっても、あなたは別に気にしないでしょうか。そのまま警戒もせず無防備に自分の命を預けたり、大切な子どもをお任せしたりするのでしょうか。過去は過去として、現在はそんなことはないだろうと根拠もなくその主治医を信じることができるでしょうか。

精神医療が今までどのような歴史をたどってきたのかを知っている私からすると、精神科医を「こころの専門家」などとメンタルヘルスの問題を解決する専門家であると全面的に信頼し、無防備に身を委ねる人々を見ると、心を入れ替えたかどうかもわからない「いじめ首謀者」のところにわざわざ自ら出向いているようにしか見えません。

彼らは実際はいじめっ子や不良というレベルではなく、窃盗、恐喝、強盗、傷害、強姦などの犯罪行為を平然と行ってきたような相手です。仮に過去のことを反省、謝罪し、言葉だけではなく行動によって心を入れ替えたことを示すようであれば、まだ受け入れられるかもしれません。しかし、謝罪はおろかまったく悪びれることもなく、今でも同じようなことを平然とし続けているような相手です。無条件に信頼しろと言われても無理です。

精神医療はそもそも治療というよりも、危険人物（と勝手にみなした人）を社会から隔離するという社会防衛機能として発展してきた歴史があります。治療として使われた手段も、インシュリンショック療法（インシュリン注射によって人為的に低血糖状態を作り出してショック状態にさせる治療法）、電気けいれん療法などのショック療法、発熱療法（マラリアに感染させて高熱を出させる治療法）、ロボトミー手術に代表される精神外科手術など、目を覆うような残虐行為そのものでした。治療のゴールとは、社会に迷惑をかけないほど無気力、従順になることであり、ひたすら鎮静化が試みられてきました。

隔離収容や強制不妊手術はもはや本人の治療ですらなく、危険人物や不良な遺伝子から市民を守るという大義名分で行われた差別、虐待でした。２０１８年あたりから障害者に対する優生手術（強制不妊手術）の問題がクローズアップされてきたため、過去に行われた驚くべき人権侵害の実態を報道で知った人も多いと思います。もしかしたら、重度な知的障害者女性の妊娠を防止するためのやむを得ない手術だったというイメージを持っているかもしれませんが、優生手術の対象は大半が精神障害者でした。

精神分裂病（現在は統合失調症に名称変更）などの精神障害は遺伝性とされ、その遺伝を防止するための手段として強制不妊手術が用いられました。精神障害が遺伝するという科学的根拠は今でもなく、ましてや遺伝子を根絶やしにすることで解決する問題ではありません。

ところが、専門家による根拠のない主張が政策として取り入れられた結果、精神障害者は危険な遺伝子を有する存在であるとして偏見が一気に広がったのです。

強制不妊手術を合法とする法律は１９９６年まで存続していました。被害者への補償を定めた強制不妊救済法（旧優生保護法に基づく優生手術などを受けた者に対する一時金の支給等に関する法律）が成立したのは、そこからさらに20年以上経った２０１９年４月24日のことでした。

当時は合法であるし、現在の価値基準で過去のことを今さら蒸し返しても意味がないと言う人もいます。しかし、そのような人は完全に誤解しています。これは、決して過去の終わった問題ではありません。**形態を変えて現在にまで続いている問題**です。

強制不妊（断種）は、あくまでも優生思想に基づく優生上の目的を達成するための手段の一つに過ぎません。これは、手段として効率が良いものではなかったため、日本の精神科医たちは別の手段にシフトしたのです。それこそが今でも続く**隔離収容**です。

強制不妊手術と精神科病院への隔離収容が地続きであることを理解している人はほとんどいません。強制不妊手術の件数は1950年代半ばでピークを迎え、そこから減少していった一方、精神病床（精神科の入院ベッド数）は1950年の1万8000床から激増し、1969年には約25万床に達しました。

精神障害者を隔離収容するための精神科病院がこの時期に乱立した背景には、私立精神病院経営者らが結束して1949年に設立した日本精神病院協会（現在は公益社団法人日本精神科病院協会）の強力なロビー活動と、精神障害者が危険であると煽ったメディアキャンペーンがありました。同協会初代理事長の植松七九郎は、その著書『精神医学』（文光堂書店、1948年）において、精神病者に対する優生的処置（結婚制限、避妊、隔離、断種）の中では、施設への隔離収容が「最も効果的な方法」と述べています。

精神障害者と同じく遺伝性の病気でないにもかかわらず、差別的な隔離収容政策と強制不妊手術によって苦しめられてきたのがハンセン病患者です。2001年、国はハンセン病に対する隔離収容政策の誤りを認めて謝罪しました。2019年7月12日、ハンセン病元患者の家族が受けた差別被害に対しても国はその責任を認めて謝罪しました。

その一方、精神障害者に対する差別的な隔離収容政策は今もなお続いています。2004年9月に「精神保健医療福祉の改革ビジョン」が発表され、「入院医療中心から地域生活中心へ」という方針を示されて以降、精神病床の削減と地域移行が進められてはいますが、実効性は乏しく十分な結果が出ていません。

政府も病院関係者も、平均入院日数が著しく減少したことで成果が出ていると主張しますが、これは表面的な見せかけに過ぎません。

なぜならば、もしも治療や地域移行に成果が出ているのであれば、減少するはずの強制入院件数、身体拘束数、隔離数、死亡退院数が軒並み急増しているからです。これは、単に診療報酬上、すなわち経営上の問題でビジネスモデルが変わっただけの話です。かつては長期収容すればするほど儲かりましたが、入院が長期になると診療報酬が激減する診療報酬体系になったため、長期収容することで無限に収益を上げた「牧畜型」から、診療報酬が高い精神科救急を中心に短期入院を繰り返す「回転ドア型」にシフトしたのです。精神科病院を中心とした囲い込みの範囲が広がっただけで、本質が変わったわけではありません。

地域住民の理解がないから地域移行が進まないという言い訳も聞かれますが、元をただすと精神障害者を「常に平和と文化との妨害者」とみなし、精神障害が遺伝すると根拠のない偏見を広げたのは精神医療関係者であり、その主張を受け入れて政策としたのは政府です。そして、差別偏見を広げたのはマスコミです。市民に偏見が広がったのは当然の結果です。その責任について一切検証しないまま市民の無知のみを非難するのは道理に合いません。

**精神医療の歴史はそのまま人権侵害の歴史**です。ところが、最近になって精神科医は「こころの専門家」と名乗るようになり、メンタルヘルスの問題を解決する専門家であると世間に認知されるようになっています。行政機関も全面的に精神科医を信頼し、市民がメンタルヘルス上の何らかの問題を抱えるようなことがあると、即座にそこに繋げるシステムをあちこちに作っています。まるで過去のことなどなかったかのようです。学生時代のいじめ首謀者が、なぜか人道主義者として称えられているような感覚です。元不良が皆から慕われる教師となったというようなストーリーには、必ず心を入れ替えるきっかけとなった出来事があります。ところが、精神医療にはそれが一切ないのです。精神医療に発達障害領域を任せることの疑問はその点に尽きます。

発達障害という名称やその精神医学的な定義や概念はさておき、困難を抱えた人々が存在し、症状も存在するのは事実です。中には医学的なケアが必要な人もいますが、その多くは社会との関わりで問題が顕在化したものであり、本人のみを生物学的に変化させるだけでは解決・改善するようなことではありません。本人というよりも、多様性を認めない不寛容な社会や、人権侵害が正当化されている状況に問題があるのかもしれません。

つまり、**本来は医療という範疇を超えて対処しないといけない問題**です。環境調整や周囲の人々のサポートは医師がやるべき仕事ではありません。どちらかというと人権意識の問題になってきます。よりによって公然と人権侵害をし、人々の尊厳や人生を奪ってきた精神医療にその問題を丸投げする意味がわかりません。身を委ねるのであれば、もっとふさわしい専門家、ふさわしい手法が存在するのに、なぜ精神医療にこだわるのでしょうか。

## 続々と街なかへの進出を始めた精神科医たち

先ほど説明した通り、「黒船襲来」によって日本の精神医療は激変しました。その象徴が精神科クリニックの乱立です（**図21**）。戦略の要は、「精神科への敷居を下げること」でした。特定の精神科医と製薬会社が中心となり、アンチスティグマキャンペーンが展開されました。これは、精神障害に対するスティグマ（いわれのない差別や偏見の対象となること）を解消するという運動のことですが、実際には精神障害者に対する偏見をなくすというよりも、精神科の敷居を下げて顧客を獲得する手段にすり替わりました。

精神科医たちは次々と開業していきました。その際、ストレートに精神科を前面に出すのではなく、「メンタルクリニック」「心のクリニック」という敷居の低い名称が多用されました。１９９６年より標榜が許された「心療内科」は、本来の用途ではなく精神科の隠れ蓑として使われました。本来精神科と心療内科は別物であり、本物の心療内科医にとって非常に迷惑な話でした。今でも心療内科の大半は標榜だけのニセモノです。

図 21　全国の精神科及び心療内科の診療所数（重複計上）

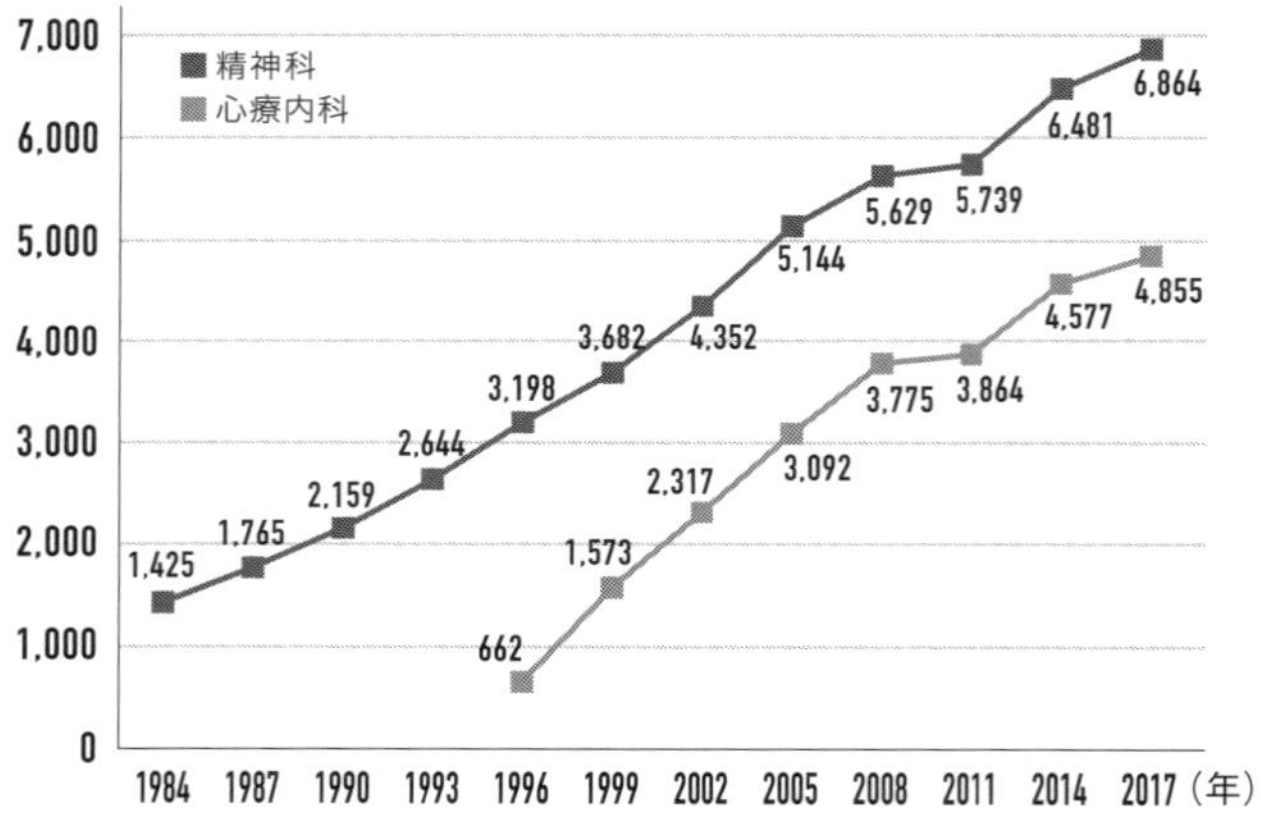


［厚生労働省「医療施設調査」］

また、日本では開業する際、標榜する科の専門医資格が必要というわけではありません。その科の臨床経験がなくても基本的に何でも標榜できます（麻酔科など一部例外を除く）。そのため、**専門知識や経験もない医師がいきなり精神科クリニックを開業することも可能**です。少し前まで産婦人科や皮膚科をやっていた医師が、突如精神科クリックを開業することも普通にある話です。調剤薬局グループが主体となり、精神科クリニックの建物とそれに隣接する調剤薬局をすでに準備した状態で、雇われ院長が開業するパターンもあります。

精神科の開業は他科と比べても初期投資が少なくて済むという特徴がありま

す。極端な話、机と部屋さえあれば開業できてしまいます。本来は、精神科といえども身体的原因でないことを確認する除外診断が必要となるので、最低限の医療機器は必要になりますが、駅前の雑居ビルの狭い一室に開業するような精神科クリニックには、その最低限すらないところもあります。

他にも、訴訟リスクが低いことと、能力が低くて他科では使い物にならない医師でもやれてしまうという特徴があります。精神科の場合、明確な基準や客観的診断手法が存在しないため患者から誤診や医療過誤だと責められても、いくらでもごまかせる手段があります。また、マニュアル診断、マニュアル投薬なら誰でもできてしまうため、どんなにレベルが低くても一応は医療行為だと世間を欺くことも可能です。

多くの人が誤解しているようですが、保健所などの行政機関がクリニックに対して定期的に立ち入ってその質を確保するような指導をしていると思ったら大間違いです。行政が指導できるのは施設基準など形式・形態についてが主であり、よほど重大な健康被害が発生でもしない限り、治療の中身という医師の裁量権にまで踏み込むことはできません。

病床のある精神科病院も実質治外法権ですが、一応は年に1回程度、実地指導という行政からの監視の目が入ります。ところが、精神科クリニックの場合は定期的な監視の目は入りません。都道府県や保健所、厚生局などといった行政機関にはそれぞれが所管する法律に基づいて指導する権限はありますが、情報が寄せられない限り、立ち入って指導する理由はありません。また、せっかく患者や内部告発者から情報が寄せられたとしても、捜査権を持たない行政機関は強制捜査はできず、基本的には事前告知をしてから立ち入るというほとんど実効性のない手段しか取れないのが現実です。

特に、ワンマン経営のクリニックの場合、内部の相互監視機能は働きません。そのため、行政の監視が行き届かない密室性が悪用され、一部の精神科クリニックは不正や犯罪、ハラスメントの温床となり、無法地帯となってきました。加えて、精神科患者が被害を訴えてもまともに取り合ってもらえない風潮も、そのやりたい放題に輪をかける結果となりました。

司法、行政が機能しないため、精神科医による犯罪を暴き、健康被害を防ぐために、我々は今まで何度もそれに代わって仕事をしなければなりませんでした。何らの調査、捜査の権限もない民間人の立場で証拠を集めて刑事事件へと発展させたり、横行する不適切処方に対してマスコミと共にキャンペーンを張って注意喚起したりする必要がありました。

うつ病キャンペーン開始以降、早期に精神科を受診することのみが推奨されていた風潮に変化が訪れたのは、２００９年あたりです。その頃から、質の低い精神科クリニックがとんでもない健康被害を作り出してきたことが報道でもクローズアップされるようになったからです。それは、そのうち国会でも取り上げられるようになりました。

2013（平成25）年6月12日の衆議院厚生労働委員会議事録より、脳外科医である宮沢隆仁議員（日本維新の会、当時）が精神科クリニック（メンタルクリニック）の質の問題を取り上げ、それに政府参考人である厚生労働省医政局長が答弁している様子を抜粋します（傍線は筆者）。

○宮沢（隆）委員

私が若いころ、大学病院にいたころの話ですけれども、脳腫瘍とかあるいは慢性硬膜下血腫とか、我々はいわゆる器質的疾患と言うんですけれども、要するに手術すれば治るような病気、そういうのがあるのに精神科に入院させられている患者さんが結構、まあ、結構はいないんですけれども、たまにいるんですね。昔の話ですけれども、なぜかCTとかMRIとかという検査もやっていないということがありまして、精神科の病棟へ呼ばれてそこで診断して、脳外科病棟へ連れてきて手術して治って帰るというのがしばしばありました。

だから、それはまた別の問題なんですけれども、それは精神科の業界でちょっと改善していただければなというのも一つの感想です。

それから、脳に作用する薬は脳外科医ももちろん使います。使うんですが、基本的に、トランキライザーという、いわゆる向精神薬というのは脳外科医は嫌いです。なぜかといいますと、そういう薬が入っていると、本来の精神状態というのはどういう状態かというのがわからなくなっちゃうんですね。ですから、もし、例えば脳腫瘍があって脳外科病棟に入院してきて、もともと、うつとかいろいろな病気でそういうトランキライザー系統の薬を飲んでいる人は、もう片っ端から（筆者注：薬の服用を断ち）切ります。その中でおもしろい現象があるんですけれども、切っていくと何かよくなっていく患者さんがいるんですね。よくなって、ありがとうございますと変なお礼を言われたりすることがあるわけです。

実は外来でも同じ現象がありまして、脳外科というのはやはり脳とつくだけに、何か頭の問題、精神状態が不安定とかいろいろあると、皆さんなぜか来るんですね。そうすると、僕らも精神科の患者さんをしばしば診ざるを得ない状況になるんです。その中でも、やはり、どこかの何とかクリニックとか、あるいはちゃんとした精神科病院でもあるんですけれども、何か山ほど薬を出されている患者さんがいるんですね。トランキライザーは我々嫌いですので、本当にこれが必要なのかなという、まず疑いの目から入るんです。

それで、いきなり切ると危険というのはわかっていますので、外来へ通いながら、精神科の患者さんはもちろん精神科に戻しますけれども、脳外科で診る必要があって診ている患者さんは少しずつ薬を切っていったりするんですね。そうすると、やはりよくなって、頭がすっきりしたとかという患者さんが結構います。

後でメンタルクリニックの問題点についてはちょっと触れますけれども、日常、脳外科医というのはそんな経験をしているわけです。

（中略）ここにある心療内科という科が、私は全部が悪いとは思っていないんですが、ただ、実際、ちょっと怪しいなというメンタルクリニックは私自身も経験しています。正直申しますと、脳外科医、要するに、手術をリタイアした脳外科医がやたらにトランキライザー、向精神薬を出しているケースがあるんですね。私の仲間にも実はいるんです。けんかしたこともありますし、注意したこともあるんですが。

そこで、ここでちょっと、一人でしゃべっていてもしようがないので、厚生労働省にお聞きしたいんですけれども、そういうメンタルクリニックのいわゆる質とか、あるいは、そこのクリニックにいるお医者さんがどういうタイプの医者でどういう経験をしてきたかとかというのを把握できるようなデータというのはありますでしょうか。どなたかよろしくお願いします。

○原徳壽厚生労働省医政局長
お答えいたします。

メンタルクリニックというその言い方自体がどの範囲を指すのかというのが非常に難しい

と思います。そういう意味では、標榜しておられる診療科として、精神科であるとか心療内科、あるいは神経内科というような言葉もあると思いますが、そういうような標榜しておられる医療機関の数は数えることはできるかと思います。今現在、手持ちでは数字はございませんけれども。

○宮沢（隆）委員

結局、そこにいるドクターの質がいいとか悪いとかというのは把握できないと理解していいですか。いや、それでよければいいです。実際、難しいと思います。

発達障害キャンペーンは、このような取り返しのつかない状況を引き起こした「精神科クリニック乱立」という現象の延長にあることを理解する必要があります。誰も責任を持って医療機関の質の管理などできていない現状で、何も情報を知らないまま無防備に精神科を受診することなど、ロシアンルーレットそのものです。

## 強制入院制度の悪用

これまで何度も述べてきたとおり、根拠がないにもかかわらず権限が異常に強大であるという特性が精神医療には存在します。それゆえに、いとも簡単に濫用できてしまう問題が生じます。悪意と知識さえあれば、精神医療システムを利用して他人をハメることなど容易《たやす》いのです。そして、そのような濫用から身を守る手段は乏しく、何の落ち度もない人が被害に遭っても、その立場や名誉を回復することは非常に困難です。

では、精神科にかかりさえしなければ、このような問題に巻き込まれることはないのでしょうか。残念ながらそうではありません。実は、単に知られていないだけで、家庭や近隣などのトラブルに精神医療が濫用される事例などいくらでもあるのです。既往歴もなく何ら精神的に問題のない人が、悪意をもった他人と無責任な精神科医によって精神障害者に仕立て上げられ、その結果、不当に金銭や命、人権、親権などを奪われ、家庭が崩壊させられているのです。

特に恐ろしいのは**医療保護入院制度の悪用**です。医療保護入院とは、強制入院の中でも最も大きな割合を占める入院形態のことであり、精神保健指定医の判定と家族誰か一人の同意があれば、本人の意思に反して無理やり入院させることができます。これは、**司法を介在させない身柄拘束**であり、日本特有の制度です。他の国でも、自傷他害の恐れがある場合に裁判所を通して強制入院させるような制度はあります。しかし、日本の医療保護入院は自傷他害の恐れがなくても実施可能です。

医療保護入院という名称の通り、表向きは本人を保護してあげるための入院となっています。治療が必要なのに病気だという自覚がないので、本人の意思に反してでも治療のために入院させるということになっています。本人にとっては身柄拘束以外の何物でもありませんが、本人の利益のためだとみなされています。しかし、この「本人のため」という大義名分があまりにも濫用されています。

たとえば、明らかにその人が犯人だとわかっていたとしても、捜査関係者は裁判所を通して逮捕令状を得ないと逮捕できません（現行犯を除く）。どうせ皆わかっているし社会正義のためだからいいじゃないか、と思えるかもしれませんが、手続きを無視した不当逮捕は許されないのです。

ところが、医療保護入院制度では、**正式な手続きを無視した不当入院が横行**しています。実際は可能な限り任意入院（本人の同意の下での入院）できるよう努力する必要があり、説得したことやそれに応じてもらえなかったという旨をカルテにも記載することが義務付けられています。

そんな手続きを一切無視した医療保護入院も目立ちます。一切の説得も診察もないまま、いきなり入院させられたという体験をした人はいくらでもいます。ひどい事例では、一切の既往歴もない若者が、いきなり注射を打たれて意識を失い、気付いたら電気ショック（電気けいれん療法）を受けた後に四肢拘束をさせられていたというものもありました。

ちなみに、韓国にも日本の医療保護入院を参考に作られた強制入院制度（保護入院）があります。しかし、制度の悪用が大きな社会問題となり、正常な人が突如拉致監禁されて精神科に強制入院させられた実在の事件をモチーフとした『消された女』という映画も大ヒットしました（日本でも2018年1月に公開）。

そして、2016年9月29日には韓国の憲法裁判所が保護入院を定めた法律が「憲法に不合致」とする判定を下し、法改正を求めました。精神科医や家族による悪用を防ぐことができず、患者の人権擁護の仕組みも不十分であるとしたのがその理由ですが、それでも韓国の保護入院は日本の医療保護入院よりも要件は厳しいのです。

韓国の保護入院には家族二人の同意が必要ですが、日本の医療保護入院は2013年の法改正によって要件が緩和され、家族の誰か一人だけの同意でよくなりました。恐ろしいことに、残る家族が全員反対したとしてもOKなのです。

実際、こんな事例がありました。10年以上も離れて暮らし、母親の近況など何も知らないはずの長男がいきなり母親を精神科病院に無理やり連れていき、そのまま医療保護入院させて財産管理をしてしまいました。その際、ずっと同居していて母親に何ら問題ないことを知っていた他の親族は猛反対しましたが、それでも医療保護入院となってしまったのです。

**資格のある精神保健指定医であれば間違った判定をするはずがないというのは幻想**です。無理やり騙されて精神科病院に連れて来られた人が抵抗したり不安になったりするのは正常な反応ですが、その正常な反応を精神疾患による症状と判定するようなレベルの低い指定医が無数に存在するのです。

実際、指定医の資格自体に対して信頼が揺らいでいます。２０１５年、聖マリアンナ医大において**精神保健指定医資格の不正取得**が組織的に行われたことが発覚しました。それをきっかけに全国的な調査が行われた結果、１００人以上の精神科医が処分されるという前代未聞の不祥事が起きています。指定医の強大な権限に対し、有資格者の能力と責任がまったく伴っていないと言えます。

## 精神医療とＤＶの関係

最近目に付くのは、**離婚を有利に進めるために医療保護入院を悪用**する事例です。保健所や病院を事前に訪れ、配偶者の様子がおかしいなどと虚偽の情報に基づいた相談をして根回ししておき、すでに医療保護入院の受け入れが整った段階で配偶者を騙して病院に連れていくという手法です。家族の一方的な情報のみを鵜呑みにし、本人をほとんど診察することなく医療保護入院を決定してしまう精神保健指定医がいます。どうやらそのような精神科医は精神障害者にひどい偏見を持っているようで、最初から病識がないと決めつけて本人の言い分を聞こうともしないのです。

このような強制入院の悪用は完全なＤＶ（家庭内暴力）です。精神医療を悪用したＤＶというわけです。

一方、世の中には虚偽ＤＶ（冤罪ＤＶ）というものも存在します。ＤＶが存在しないのにそれをでっちあげる行為です。実は、この虚偽ＤＶにも精神医療が関わってきます。精神医療のいいかげんさが虚偽ＤＶを作り上げているとも言えます。というのは、**精神科医はいとも簡単にデタラメな診断書を書いてくれる**からです。

精神科領域では、客観的指標に基づいた科学的診断はできず、結局のところ、精神科医は患者への問診を通して主観的に診断するしかないのです。したがって、患者がウソをついているのかどうか、詐病なのかどうかなどわからないのです。暴力が存在していなかったとしても、実際には精神的不調が存在しなかったとしても、患者が「配偶者の日常的な暴力によって不眠になった」などと精神科医に話せば、すぐに不眠症やうつ病、ＰＴＳＤなどと診断が下されます。妻の多額の借金が発覚し、それを咎めようとした夫の言動が、いつの間にかカルテや診断書の中では「威圧的」「言葉の暴力」とされ、夫のＤＶが理由で妻がＰＴＳＤとなったという一方的なストーリーができあがっていた事例もありました。

もっとひどい場合には、子どもの連れ去り行為を正当化するために、子どもを精神科に受診させ、配偶者からの日常的なDV・虐待が原因で子どもが不安定になったというストーリーを捏造する事例すらあります。不貞行為が夫にバレた妻が、先手を打って子どもを連れ去り、虚偽DVを申し立てて離婚を有利に進め、子どもの親権を獲得したというような事例も実は珍しくないのですが、その巻き添えをくったわずか2歳の子どもが向精神薬を服用させられていたこともありました。

また、これに類似した精神医療の濫用は枚挙に暇《いとま》がありません。成年後見制度も精神医療とセットで悪用されやすい制度です。これらに共通しているのは、精神科医の診断や判定によって他人の権利が制限されてしまうにもかかわらず、**それが正しいのかどうか検証できず、異議を申し立てにくい**点です。精神科診断が絶対視され、異常に強い精神科医の権限が守られる限り、このような濫用を防ぐことはできません。

## 非人道的行為が横行する医療現場

精神科医やその他精神医療従事者の権限が強く、患者の立場が弱い精神医療現場では、多くの不祥事が起きています。最近の主な不祥事を図22に挙げます。

被害を拡大させてきた要因の一つは、**行政の無責任体質**です。民間は良くも悪くも結果が重要です。一方、行政は目に見えた結果を出すことよりも、何かに取り組んでいる姿勢を示すことの方が重要です。部活で例えると、大会で優勝するために練習を頑張る人と、練習することが目的になっている人との違いです。

もちろん、前者のような姿勢で業務に取り組む公務員もいますが、それは大変貴重な存在です。長期間同じ部署にとどまることができないシステムが、ますます後者のような公務員を量産しているのかもしれません。

私が長年頭を抱えてきたのは、どこの自治体もどこの省庁も、メンタルヘルスに関連した対策を打ち出す際に、例外なくすべて同じ短絡的パターンに陥ってしまうということです。それは、「早期に専門家に繋げる」をお題目とした**専門家信仰**です。彼らは、専門家である精神科医に繋ぎさえすれば、適切な診断や治療、支援に繋がり、良い結果に導かれるはずだと信じています。いや、もしかしたら本当は信じていないかもしれません。彼らにとって重要なのは結果ではなく、取り組んでいることを市民らにアピールすることです。早期に専門家に繋ぐインフラを構築する事業など、まさに行政らしい素晴らしい取り組みです。

多少皮肉が過ぎましたが、私がこのように確信を持ったのは、第二章で紹介した「富士モデル」による自殺対策の成果を誇っていた静岡県と富士市の担当者に確認したときです。当時、富士モデルは成果があったとアピールされていましたが、よく見たら自殺者はむしろ導

| |
|---|
| ★性的虐待 |
| 2017年3月3日、厚生労働省は強制わいせつで有罪が確定したさいとうメンタルクリニック（浜松市）院長に対して医業停止3年の行政処分を決定した。 |
| 2018年11月30日、最高裁第3小法廷は、勤務していた栗田病院（長野市）で当時15歳の女性患者に対して「産婦人科の検査をしないと退院できない」などとウソを言い、体を触るなどして準強制わいせつの罪に問われた精神科医の上告を棄却し、懲役2年が確定した。 |
| 2019年3月20日、診療報酬不正請求で詐欺罪に問われた精神科医に対する一審判決後、同被告から不適切な性的関係やパワハラを受けて自殺した2名の女性患者の遺族らが記者会見を開き、深刻な性的被害の実態を告発し、それが法によって罰せられない現状を訴えた。 |
| 2020年5月23日、兵庫県尼崎北署は、診察中に女性患者にわいせつな行為をしたとして、そえぎこころのクリニック院長の精神科医を強制わいせつの疑いで逮捕した。 |
| ★不適切投薬 |
| 2019年10月17日、東京地裁は、自閉症治療で2歳から保険適応外の薬物治療を実施した医師について説明義務違反を認め、同治療を受けるか否かについて意思決定する原告の権利を奪ったとして原告側に330万円の支払いを命じた。 |
| ★横領・着服 |
| 2019年4月、北九州市の特定医療法人天臣会松尾病院で、看護課長女性が8年にわたり、精神科の入院患者の預け金約1660万円を不正に引き出していたことが発覚した。うち半額を着服していたとみられる。 |
| ★指定医不正取得 |
| 2018年6月6日、厚生労働省は精神保健指定医の資格不正取得に関わった医師17人に医業停止1月、17人に戒告、計34人の行政処分を決定した。 |
| 2019年1月30日、厚生労働省は医療法人桜桂会犬山病院の精神科医2人の医師免許停止1月を決定した。 |
| 2019年2月6日、「精神保健指定医」の資格を申請する医師への指導を怠ったとして、厚生労働省は男性精神科医の指定医の資格を取り消す行政処分を決めた。 |
| ★研究不正 |
| 2020年5月1日、厚生労働省は、国の医療データベースの情報を不正に製薬会社3社などに提供していたとして、国立精神・神経医療研究センターの精神医療政策研究部長に対し、データベースの利用を無期限禁止するなどの処分をした。 |

## 図 22　精神医療現場での不祥事

| ★虐待 |
|---|
| 2020 年 3 月 4 日、兵庫県警捜査第一課は、入院中の高齢患者 3 人を虐待したとして、元看護助手と 5 名の看護師を準強制わいせつ、監禁などの容疑で逮捕した。別件の強制わいせつ事件で逮捕された元看護助手のスマートフォンに患者虐待の動画が残されていたことから発覚した。 |
| **★不当な行動制限や強制入院** |
| 2018 年 4 月 19 日、国連恣意的拘禁作業部会は、都内の精神科病院に強制入院させられた男性の事例に対し、強制入院を不当とし、男性への補償や情報開示を日本政府に求める意見書を採択した。 |
| 2018 年 5 月 17 日、14 歳のときに入院した精神科病院で 77 日間も不当に身体を拘束されたとして、東京都在住の女性が病院側に損害賠償を求め、東京地裁に提訴した。 |
| 2018 年 7 月 18 日、精神科病院での長期間の身体拘束が原因で妻（当時 55 歳）を亡くした遺族らが、病院側を東京地裁に提訴した。 |
| 2018 年 8 月 27 日、精神科病院での不適切な身体拘束が原因で男性（当時 40 歳）が死亡したとして、遺族が病院側を金沢地裁に提訴した。 |
| 2019 年 11 月 29 日、引きこもり自立支援をうたう「引き出し屋」に無理やり家から連れ出され、都内の精神科病院「成仁病院」に強制入院させられた男性が、同病院医師らを逮捕監禁罪で東京地検に刑事告訴した。 |
| **★不正請求** |
| 2019 年 6 月 14 日、近畿厚生局は、医療法人光優会元理事長の保険医登録を取り消した。元理事長は運営する精神科クリニックでの診療報酬不正請求で立件され、懲役 3 年 6 月が確定していた。 |
| 2019 年 6 月 14 日、関東信越厚生局は、フロッギーズクリニックの保険医療機関指定取消の執行停止の解除を発表した。精神科デイナイトケアに係る架空請求などを理由に、同厚生局は平成 29 年 5 月 19 日付で同処分を発表していたが、その後取り消し処分の執行停止がクリニック側から裁判所に申し立てられていた。 |
| 2020 年 1 月 24 日、近畿厚生局は、大阪市生野区にある高島クリニックの保険医療機関の指定取り消しを発表した。精神科デイケア施設に看護師が在職しているかのように書類を偽り、不正に診療報酬を得ていたことが判明していた。 |
| 2020 年 2 月 4 日、最高裁第二小法廷は、診療報酬をだまし取り詐欺罪で有罪判決を受けていた精神科医の上告を棄却し、懲役 2 年執行猶予 4 年の判決が確定した。 |

入してから増えていました。そのため、自殺者が増加したのになぜ成果があったと言えるのか、と事業の担当者に確認したところ、「かかりつけ医から精神科に繋がった患者が増えたから」という頭がクラクラするような答えが返ってきました。

自殺対策も発達障害者支援も労働者のメンタルヘルス対策も、妊産婦のメンタルヘルス対策も、とにかくすべて**専門家に繋げること自体が目的**となってしまっています。恐ろしいことに、**繋がった後にどうなったのかについて責任を持っていない**のです。実際、その後の長期的転帰まで調査している事業はほとんどありません。

かかりつけ医から精神科に繋ぐ「久留米方式」という自殺対策モデルは、珍しく繋げた先の転帰まで調べています。平成25年12月〜26年11月の1年間に精神科に繋げた患者1116人について、受診半年後の追跡調査を福岡県久留米市保健所がしたところ、死亡者は12人（身体的問題で7人死亡、自殺で4人死亡、不明1人）でした。これは、半年後の結果なので単純に2倍してみると、年間で8人が自殺したことになります。人口10万人あたりの自殺率は716・8人となります（全国は16・8人なので、42・7倍！）。

精神科で治療中の患者の自殺率は当然平均よりも高いはずなので、公平に比較できる数値を探したところ、「平成21年1月から12月までの1年間の推定自殺発生率は通院100・5、入院154・5（患者10万人対）であった」（「精神科医療機関における自殺の経験および自殺予防に役立っていると考えられる取り組み」『精神神経学雑誌』２０１２年１１４巻12号）という研究が見つかりました。それらの数値と比較したとしても非常に高いと言わざるを得ません。

ところが、これでも久留米方式は「効果がある」とされているのです。

大阪市の事例も紹介します。２０１９年９月４日、大阪市は「大阪市児童虐待事例検証結果報告書」を発表しました。乳幼児が死亡に至った3件の事例について検証された内容でした。いずれの加害者にも精神科受診歴があったのですが、結論はこうなりました。


検証部会長を務める津崎哲郎・児童虐待防止協会理事長は「児童福祉は小児科だけでなく、精神科との連携体制が必要だ」と強調。市は今後、医師会を通じて医療機関とのネットワーク構築を検討するとした。

（産経新聞大阪本社版２０１９年９月５日朝刊）


精神科との連携を強化するとのことでしたが、精神科治療がどのように事件につながったのかという観点からの検証は一切ありませんでした。抗うつ薬などには衝動性と攻撃性を高める副作用がありますが、精神科治療こそが事件を引き起こした可能性についてはまったく考慮されていませんでした。

２歳の幼児を母親がマンションのベランダから投げ落として死亡させた事件では、母親が産後すぐに精神科にかかるようになって服薬し、事件2日前も精神科を受診して薬を処方されていました。

不思議なことに、行政機関は精神科との連携や精神科への繋ぎを重視し、それを対策の柱とする一方で、**精神科治療こそが悪い結果を引き起こしている可能性については一切考慮しないのです。**

これは、発達障害者支援でも言えることです。行政機関や、あるいは行政機関から委託された発達障害者支援センターから繋げられた医療機関で、とんでもないずさんな診療を受けて被害に遭った幼児もいます。結局、行政機関は繋げるだけでその先に責任を取ることなどありません。

## マッチとポンプを手にしてさまざまな領域に入り込む精神医療

恐ろしいことに、今や妊産婦までが早期に精神科にかかるネットワークが構築されつつあります。産後うつなどはごくごく自然の当たり前の現象です。本来は適切な母体ケアと周囲の支援によって自然回復するものですが、そこを飛ばして「精神科で取り扱うべき病気」とみなされてしまうことで悲劇が起こります。

実際、私のところには産後うつと言われて保健師から精神科に繋がり、インフォームドコンセントのない不適切な投薬の結果、処方薬依存などの副作用に苦しめられたという女性からの報告がいくつもあります。中には幼い乳児を残して自死に至った事例もあります。私が「恐ろしいことに」という表現を用いたのは、厚生労働省が産婦人科と精神科との連携を進める上で、精神科に繋げられた妊産婦の転帰についてろくに調べていないことを認めたからです。

私は、2019年5月20日付で厚生労働省に要望書を出し、以下のように指摘しました。

中央社会保険医療協議会や妊産婦に対する保健・医療体制の在り方に関する検討会においても妊産婦のメンタルヘルスについて議論がかわされていますが、当会は精神科治療自体が妊産婦のメンタルヘルスを悪化させるリスクについて何らの検証もないまま、産婦人科と精神科の連携が無条件に肯定され、精神科に繋ぐことが目的と化した体制整備やそれを促進する診療報酬制度に疑問を抱いています。なぜならば、本来休養や栄養補給、安心できる環境の整備によって回復できるはずの妊産婦が、根拠に乏しい簡略化されたチェックリストや過剰なリスク回避によって、安易に何でもうつ病等の精神疾患に結び付けられる危険性や、不適切な治療によってむしろ薬物依存や自殺に追い込まれてしまう危険性について議論が一切かわされていないからです。当会には、周産期のメンタルヘルスの議論の中心となっている国立成育医療研究センターにおいてすらもずさんな診療の被害が報告されています。

その上で、以下のように要望しました。

周産期のメンタルヘルス対策を議論するにあたり、精神科に繋げられた妊産婦の長期的転帰について調査し公表すること。そして、自殺した妊産婦について精神科治療を受けていた割合やその治療内容の検証についても調査し公表すること。

厚生労働省の担当者は、この要望に対して、「転帰を調べたものはない、精神科治療のリスクについて検討会で検討されていない」と回答しました。不思議なことに、行政も精神科医も産婦人科医も、精神科に早期に繋げることで自殺を防げると信じてそのネットワーク作りに勤しむ一方、早期に精神科に繋げられて治療を受けている妊産婦が悪化（特に自殺、心中、子殺し）している事実を完全に無視しているのです。

ただし、産婦人科医のことをここで擁護しておきましょう。彼らは本当に困っています。なぜならば精神科にかかり、向精神薬を服用している状態で妊娠した女性がいきなりやってくる機会が増えたからです。下手に減断薬を指示して悪化させ、自分たちの責任にされたらたまったものではありません。向精神薬は減量によって離脱症状を引き起こす危険性があり、ひどい精神症状や身体症状に苦しめられる人が後を絶たず、場合によっては自死に至る場合もあります。それでなくても訴訟リスクが高くて疲弊している産婦人科に、新たに強烈なリスクが舞い込んでくるのです。

今や若い女性も気軽に精神科を受診するようになりましたが、妊娠する可能性のある女性に対して、他の代替策も提案せずに安易な薬物治療をする精神科医もいます。妊娠が発覚してから止めるのでは遅い薬も安易に処方されています。まさに産婦人科医が無責任な精神科医の尻拭いをさせられている構図がそこにあります。対応に困っている産婦人科医に精神科医がつけこみ、リスクや責任の回避をちらつかせてネットワーク構築を確立しているのです。これはまさに精神科医が企業に入り込んだ手口とまったく一緒です。

さらに、企業に対してはメンタルヘルス対策をしないと従業員が自殺して何億円という損害賠償を取られることになるぞと半ば脅す形で精神科医は繋がりを構築してきました。象徴的な広告記事が2008年12月4日の日本経済新聞に掲載されています。これは、「仕事とメンタルヘルス2008シンポジウム」（主催：日本経済新聞社、後援：内閣府、厚生労働省、日本医師会、日本うつ病学会、日本心身医学会、日本産業衛生学会、協賛：アステラス製薬、ソルベイ製薬、損害保険損保ジャパン）の内容を伝える広告特集記事でした。

このシンポジウムにおいて、「多様化するうつ病の現状と企業としての受け止め方」と題する基調講演をしたのは、日本うつ病学会初代理事長であり、当時国際医療福祉大学医療福祉学部教授であった上島国利医師です。

彼は、こう発言しています。

「今なぜ企業にうつ病対策が求められているのかというと、うつ病患者の増加、うつ病による生産性の低下、法律で定められた安全配慮義務などへのリスクマネジメントが必要だからだ。うつ病で入院した患者さんのうち15%は自殺するといわれている。従業員に自殺者が出ると企業イメージの低下はもちろん、訴訟を起こされ多額の賠償金を請求されるケースもある」

そもそも、うつ病患者を増加させたのは誰でしょうか? デタラメ治療で労働者の生産性を下げ、長期休職や退職に追い込んできたのは誰でしょうか? 入院という手厚い治療を与えているのに15%も自殺させるのは誰でしょうか? 自分たちが問題を作り出しながら、自分たちを解決者として売り込むというのは、どうやら彼らのいつもの手口のようです。

さまざまな領域に精神医療が入り込むことを私が危惧するもう一つの理由があります。それは、**その領域の責任を奪い、質を低下させてしまう**ことです。教育現場にチェックリストが入り込むことで、教育者としての責任を放棄し、何でも安易に発達障害に結び付けて精神医療へと丸投げするような教員が作られました。同じく医療の世界でも、他科にも各種の精神医学的チェックリストが入り込むことで、十分な検査や治療をすることを怠って何でも安易に精神科に丸投げする構図が作られつつあります。今や、そのターゲットがかかりつけ医から産婦人科医にまで広がっているのです。

第七章

# 発達障害ブームにどう立ち向かうか

## 五つの発達障害像

発達障害を議論するにあたり、「発達障害」という言葉が指す概念が一致していない場合、大きな混乱や不毛な対立を引き起こす可能性があります。そこで、**図23**のように区別して考えることにします。

多くの勘違いはB以下とAを混同することで生じます。何度も繰り返ししつこく説明してきた通り、AとBには絶望的なまでの隔たりがあります。どうしてもAを特定する手段がなかったのでとりあえずBを採用しただけです。当然ですが、AはCおよびDとも完全に別のものです。しかし、たいていの人は「診断された＝Aである証明」だと勘違いしています。実際のところ、**診断は証明書ではなく推薦状に過ぎないのです。**

発達障害について啓発するキャンペーン報道も、それを監修する専門家も、A〜Eの区別もなく混ぜこぜにしたまま情報発信しているため、受け手も完全に混同してしまっています。そうすると、発達障害について話をしようにも、双方の持っている概念が異なった状態になり、かみ合わなくなる現象が起きます。それどころか変な対立すら生まれてしまいます。このA〜Eの区別がついていないことで生じる問題を具体的に挙げましょう。

定義上の発達障害（＝B）からすると、disorderである以上、不治の病や回復不能な障害という意味ではないので、発達障害と診断された人（＝CおよびD）が問題がなくなるまで

## 図 23　発達障害 5 タイプ

| | | |
|---|---|---|
| 発達障害 A | 理念上の発達障害 | 実在は証明されていないがこういうものだろうと想定されている発達障害像のこと。 |
| 発達障害 B | 定義上の発達障害 | 操作的診断基準によって定義された発達障害像のこと。 |
| 発達障害 C | 現実の発達障害（正規版） | 正しいステップを踏んで診断された発達障害像のこと。カテゴリー 1 そのもの。 |
| 発達障害 D | 現実の発達障害（非正規版） | 正しいステップが踏まれずに診断された、本来入るべきではないカテゴリー 2 以上が含まれた発達障害像のこと。 |
| 発達障害 E | 一般化された発達障害 | スペクトラム思想によって境界線がぼかされ、人間誰しもが何らかの発達障害の要素を持っている、などと過度に一般化された概念になった発達障害像のこと。 |

※「カテゴリー」については p.67、図 9 参照。

改善されることは十分にあり得る話になります。特に、別の原因で発達障害に見える症状が出ていて発達障害と誤診された人（＝D）が、その原因に対する適切な治療で完治状態になるのは当たり前の現象です。

しかし、先天的な脳機能障害などと捉える理念上の発達障害（＝A）から考えると、発達障害は治ること自体があり得ないのです。治る派は現実の発達障害（＝CおよびD）について現実的に話しているのに、治らない派はそもそもAについて話しているため、話がかみ合わず、治る派VS治らない派という不毛な対立が起きます。

他にも、診断を得たことで自分は本物の発達障害だと大きな顔をするようになり、診断をもらえなかったグレーゾーンの人々をニセモノ呼ばわりして見下す人が存在します。しかし、その人は決して本物の発達障害（＝A）だと証明されたわけでもなく、自分自身がニセモノである可能性も大いにあります。

発達障害ブームに踊らされないようにするためには、発達障害という言葉がA〜Eのどの概念で使われているのかを見極め、さらには「意見」と「事実」を区別することが有効です。そうすることで、発達障害を過度に一般化させて流行させようとする人々、一生治らない脳の問題だと暗示をかけて囲い込もうとする人々、安易に薬物治療に誘導しようとする人々の悪意から身を守れます。悪意よりも、そのような人々を真に受けた善意の方が厄介で性質が悪いのですが、そのような善意の人々の混乱した思考を整理してあげることも重要です。

発達障害バブルは、人々の不安と善意を煽ることでここまで成長してきました。そこには、人々に意図的に誤解と混乱を与えることで、発達障害の診断・治療は専門家にしかわからないというブラックボックスを作り出し、特定の専門家に早期に繋げることこそが唯一の解決策であるかのように錯覚させることを画策してきた人々がいます。彼らは、不都合な真実を暴かれることを嫌がります。

## 末端の責任にすり替える首謀者たち

不都合な真実は徐々に明らかになってきています。ようやく発達障害の過剰診断や過剰投薬が問題だと主張するような専門家も現れました。しかし、一見してまともなことを言っている専門家をそのまま信用するわけにはいきません。言っていることとやっていることが全然違う精神科医を何人も見てきた経験からそう断言します。

特に信用ならないのは、自分がその問題を引き起こした張本人でありながら、いざそれが社会的に問題となるや、簡単に立場を翻してその問題の批判者としてアピールするような人物です。それはガス抜きと保身の役割を果たしています。

もしも本当にまともな精神科医が存在するとしたら、市民のメンタルヘルスを害する非常に大きな要因、すなわち同業者によるデタラメ診療に対して切り込むはずです。彼らは、精神医療現場で相当デタラメなことが行われていることに気付いていないはずがありません。特に、第一人者と呼ばれる立場であれば、デタラメな診断や治療によってぐちゃぐちゃにされた人が必ず押しかけています。当然、問題を伝える我々の声も、直接あるいは報道などを通して間接的に伝わっているはずです。

この業界は、ごく一部の比較的まともな精神科医を除き、そのような実態を完全に無視したまま単に早期受診を呼びかけてきました。我々が鳴らす警鐘は完全に無視され、初期から問題提起してきた一部の精神科医の声も黙殺されてきました。これは業界ぐるみであり、第一人者はむしろ発達障害バブルを意図的に引き起こし、顧客を拡大させていました。

こういう話題になると、必ず問題をすり替えてくる人がいます。「そんなことよりも治療に繋がるべき人が繋がっていないこと（過小診断）の方が大きな問題だ」と。これは、大義名分のために被害を無視しろということなのですが、そもそも現場でデタラメな診療が行われているという問題と過小診断は別の問題です。他にも、「デタラメなのはごく一部であり、ほとんどの先生方はちゃんとやっている！」という抗議もしばしば受けます。これも同じで、大半の医師が真面目にやっているということは、一部の問題ある連中を野放しにしても良い理由にはなりません。

たとえば、有名な観光地で観光客を狙った悪徳商法が頻発していたとしましょう。頻発といっても、観光地の業者のほとんどは善良で、悪徳業者はごく一部です。また、被害に遭わない観光客の方が圧倒的多数です。だからといって観光地の自治体トップや観光業界が何の対策も打たず、被害に対する救済もせず、ただひたすら観光地のＰＲをするだけであればいかがでしょうか。せめて注意喚起すれば観光客も無防備に被害に遭うことは防げますし、何よりも悪徳業者をしっかりと取り締まれば問題もないはずです。早期発見至上主義者は、まさに観光地のＰＲしか考えていない人々であり、ＰＲの邪魔になるような情報は無視どころか隠蔽する無責任な人々です。

発達障害業界の実態はこの例よりもっとひどいことになっています。悪徳業者が横行しやすい環境を業界トップが作ってきたからです。そして、薬は安全、早期発見・早期診断が重要、チェックリストが有用などと散々言い続け、過剰診断やレッテル貼り、誤診といった弊害を広げる土壌を作り出した張本人たちが、今頃になって「発達障害だけで子どもを見ないで」とか、「診断名に振り回される親子の悲劇」などと言い始めています。結局、末端や報道の責任にしているだけで、そのような末端を作り、報道を散々利用してきた自分たちがどのように責任を取るつもりなのかまったく見えてきません。

結局、これもうつ病バブルと同じ構図です。被害者が声を上げ始め、ずさんな診療の実態を報道が取り上げるようになってくると、うつ病バブルの仕掛け人たちは、臆面もなく当初の主張を翻したり、末端や報道の責任にしたり、むしろ被害者であるかのように装ったりしました。それと同じことが発達障害の領域で繰り返されているのです。

実は、うつ病バブルや発達障害バブルに限定せず、精神医療業界全体にバブルを引き起こすきっかけを作った張本人がいます。その一人が、雅子皇后の主治医として知られる大野裕医師です。ＤＳＭは第3版までは「精神障害の診断・統計マニュアル」と翻訳されていました。ところが、大野医師が監訳を務めた第4版以降は「精神疾患の診断・統計マニュアル」と意図的に改変されました。disorder を「疾患」と訳したのです。「疾患」とは disease のことであり、disorder とはまったく違う概念であることはすでに説明した通りです。

確かに、大野医師はdisorderを「障害」と訳すことについて問題視していました。そこは私も同意します。しかし、よりによってdiseaseと誤解される以外に考えられない「疾患」を訳語にあてることなどさらにあり得ないことです。なぜならば、ＤＳＭそのものに、disorderの概念はdiseaseではないことが明記されているからです。この大野医師の翻訳を「意図的誤訳」と批判する専門家もいます。

この大野医師の意図的誤訳によって、ＤＳＭを用いることで「病気（疾患）」が診断できるという誤ったイメージが作られました。チェックリストだけで脳の病気だと断定するような精神科医が現場で溢れ、うつ病バブルや発達障害バブルの根幹を形成したのは必然と言えるでしょう。

そんな彼は、２０１８年3月3日に開催された日本ＡＤＨＤ学会第9回総会において、「現在の発達障害診療の意義と問題点　特にＡＤＨＤ過剰診療について」と題する特別講演の演者として登壇しました。大野氏はそれ以前より、ＤＳＭの第４版編纂委員長でありながらもＤＳＭが過剰診断を引き起こしている実態を告発したアレン・フランセス氏の著書の監訳者として知られており、過剰診断批判の第一人者として振る舞っています。

私は必ずしもフランセス氏の主張に賛同しているわけではありませんが、診断インフレを世界的に引き起こす結果となったＤＳＭ第４版を世に生み出した責任者として、本格的に実態を告発し、ＤＳＭ-５にも公然と批判する姿勢を評価しています。少なくとも、監訳したフランセス氏の著書においても、やはりセコく mental disorder を「精神疾患」と翻訳し続けている大野医師とは姿勢がまったく違います。

ガス抜きと保身のために身内を批判する第一人者は、すべてをごく一部の末端の不届き者の責任にすり替えようとします。そのような精神科医を「良心的」だと勘違いする人も多いのですが、そのような末端を作り出した張本人であることを決して忘れてはいけません。

精神科領域の問題は、あらゆるところで以下のような２段階構造になっています。

１　制度自体に問題がある
２　その制度がデタラメに運用されている

強制不妊、強制入院、ＤＳＭに基づく診断など、あらゆる問題がこれにあてはまります。発達障害に関してもそうです。発達障害の診断基準にせよ、発達障害の治療ガイドラインにせよ、そのもの自体に問題があります。しかし、現場ではその基準すらまともに守られていないのです。

デタラメな運用をなくすだけでも被害は大幅に減るでしょう。しかし、それは単に末端の問題であって根本的解決ではありません。末端の問題にばかり目を向けさせようとする人々は、本当に追及されると困ることから目を逸らそうと必死になっています。

本書は、一部の人々のデタラメ診断、デタラメ治療という第二階層の問題のみを批判するものではありません。それを意図的に引き起こした人々の存在を明らかにしつつ、発達障害の診断基準や精神医療そのものという第一階層の問題に切り込むという点で、最近はやりのガス抜き保身の発達障害批判とは異なります。

## なぜそれでも人々は精神科医を信じるのか

「お医者様」という言葉が表す通り、専門家信仰が強い日本において、数々の専門家の中でも格別な地位を築いているのが医師です。他人の命を預かるという尊い責任を引き受けている以上、医師が人々の畏敬を集めること自体何らおかしなことではありません。そのような専門家信仰、お医者様信仰が行き過ぎた結果、大衆が一方的に専門家である医師に身を委ねるようになった……という推察はあながち間違いではないでしょうが、それだけだとすべてを説明するのは無理があります。

どんな分野の専門家についても言えることですが、もしも専門家が明らかに良い結果を出していて、ここの先生のところに行けば間違いなく問題が解決するという評判が広がっているのだとしたら、その専門家に身を委ねる人々で殺到するのは自然なことです。しかし、さまざまなデータが示すのは、むしろ発達障害を含む精神科領域を独占している専門家は、目に見えた結果を出していないということです。では、**なぜ結果を出していない専門家に人々は身を委ねるのでしょうか？**

専門家に身を委ねる動機は他にもいくつかあります。一つは、その専門家が特別な権限を独占していて、そこに依頼するしか手段がないという場合です。これは法律上仕方がないことです。その権限を持たない人が勝手にやってしまうと罪に問われてしまう可能性すらあります。

たとえば、医師法によって、医師（あるいは歯科医師、獣医師）にしか診断や薬の処方ができないことになっており、それ以外の人がやってしまうと医師法違反（無資格医業）に問われます。診断書がないと特定の支援制度を受けられないという場合、不本意であっても診察を受けて診断書を書いてもらう必要があります。

もう一つよくある動機は「わからないから」というものです。わからないから弁護士に手続きを任せる、わからないからとりあえず業者に修理を任せる、わからないからプロの調理師に作ってもらう……。これもごく普通のことでしょう。面倒なことや自分では解決できないことをやってくれるのが専門家であり、それに依頼するのは当たり前のことです。

しかし、世の中は誠実で有能な専門家ばかりではありません。**人々の「わからない」を利用することで顧客をカモにする専門家**というのはどこの分野でも存在します。それどころか、あえて物事を複雑、難解にさせることで自分たちの専門性を演出し、既得権を守るようなことが業界ぐるみで行われていたりもします。そもそもの話、「権限の独占」と「わからない」を組み合わせ、不安と恐怖を煽ることで人々を支配するというやり方は、太古の昔から行われてきました。

たとえば、地震やら伝染病やらがどういう原理で発生するのかわからない時代であれば、神の祟りや魔女のせいだと人々に思わせ、自分だけにそれに対処できる特殊な能力や権限を持っていると演出することで、都合よく人々を支配することが可能でしょう。

ここで重要なのは、大衆の無知と不安、恐怖心を利用すれば、**実際には問題を解決する能力がなかったとしても、簡単に人々を支配できてしまう**ということです。そして、大衆が「わからない」状態から解放されてしまったら、その支配の魔法は解けてしまうということです。

人間にとって一番怖いことは、自分にとって脅威となる対象について「何もわからない」という状態が続くことです。だからこそ、本能的にその空白を何かで埋めることで理解しようとします。空白を埋めるためであれば、それが真実でなくても構わないのです。地震が「神の祟り」によって引き起こされているという情報は誤りだとしても、人々はそのように理解することで安心するのです。何もわからない状態よりも不安は解消されるからです。

さて、災難の鎮静化のために人身御供を差し出したり、疫病の流行を防ぐために魔女狩りを行ったりしていた過去の歴史を今の時代から振り返ると、あまりにも無知で野蛮で馬鹿げたことだと感じることでしょう。今の時代に生まれて良かったと思うことでしょう。しかし、これらと大して変わらない、本質的には同じ現象が今の時代にも変わらず起きていることに気付いている人はほとんどいません。後の時代の人々からすると、魔女狩りを過去の迷信だと嘲《あざけ》る我々のことなど、鼻糞を笑っている目糞にしか映らないでしょう。その我々がはまりこんでいる現象こそが、昨今の異常な発達障害ブームです。

大衆は、理解できない、理解したくない現象をすべて強引に発達障害に結び付けるようになっています。その背景には「無知」がありますが、そのさらに背後には、大衆に無知と誤解と混乱を積極的にもたらしている人物がいます。発達障害の権威が大衆向けに書いた書籍も、そのような専門家に監修された大衆向けの報道も、行政が発信する情報も、そのほとんどが「第一の罠」と「第二の罠」が張り巡らされたものばかりです。それはすべて専門家の権威を高め、その権威に対する大衆の妄信を引き起こしているのです。

この状況に対する解決策は、まず「知る」ということです。すべては知ることから始まります。

## 対処法は精神医療だけではない

批判だけなら誰でもできると言われます。否定ばかりするのは無責任でお気楽だという声もあります。しかし、建設的な議論をストップするために何でも反対するということと、おかしなことに対して「おかしい」と声を上げることはまったく違います。不正に対して誰もが目を背けている領域に最初に切り込むには勇気が必要です。それは決して誰でもできることではありません。

精神科における人権侵害や不正、犯罪行為に対して声を上げると、必ず「じゃあどうすればいいんだ?」「代替案を示せ」「お前がやってみろ」などと文句の声が出てきます。しかし、不正に手を染めている人に対してするべきことは、単に**不正を止めさせる**だけです。

会社が一部の幹部の横領によって経営危機を迎えていたとします。その際にやるべきことは何でしょうか。まずはその不正の実態を明らかにし、関係した人を排除することでしょう。そのステップを踏まずに、同じ体制のままで経営の黒字化を議論しても何にもなりません。不正を排除してから初めて健全な議論ができるのです。

これは発達障害領域でも同様です。不正とまではいかなくても、ウソや誤解が蔓延することで健全な議論を阻害しているのであれば、まずはそこを排除する必要があります。少し前まで、発達障害は先天的な脳の障害なので治ったり改善したりするようなものではないというのはその界隈での常識でした。知的障害を伴う重度な自閉症ならともかく、軽度のＡＤＨＤやＡＳＤまでもそのようにみなされ、「改善する」「治る」などとうたうものは徹底的に攻撃されて排除されました。

ところが、disorder の概念はそもそも一生治らない障害という意味ではなく、正常な状態から外れた変調という意味です。それに、現在の精神医学の診断手法であれば、脳に先天的な障害を抱える人をピンポイントで特定することなどできず、診断自体があくまでも仮のものに過ぎないという技術的な限界を考慮すると、診断された人を一生治らない、改善しないとみなすこと自体がおかしいことになります。

ようやく、発達障害といったん診断された人たちが、その後改善されたり、完治としかいえない状態になったりすることがあると認識され始めました。それでも、「特定の療法によって治癒するような状態はそもそも発達障害ではないので、結局本物の発達障害は治るものではない」と言い張る人はいます。しかし、そのような「本物の発達障害」を特定して診断する技術が今のところ存在せず、本物ではない状態に対して誤って発達障害と診断されている現実があるのであれば、治る治らない論争ほど不毛なものはないでしょう。ここで重要なのは、治らない一辺倒から脱却し、ようやく健全な議論ができるようになってきたということです。

発達障害を理解するためには、第一の罠と第二の罠から脱却する必要があると第一章で説明した通りですが、本書の当座の狙いは、まずは健全な議論ができる状態にすることにあります。そうすれば、今まで抑圧されてきた建設的な考えや手法が広がるからです。

発達障害に対する対処方法は、別に既存の療育や薬物療法だけではありません。発達支援、心理療法、感覚統合療法、食餌療法、栄養療法、ニューロフィードバック、自然療法、その他代替療法など、いろいろな療法や手法が実践されています。それぞれ大衆向けの書籍などもあるので、興味ある方はぜひご自身で調べてみてください。

ところで、SNSを中心に「医学デマ」「ニセ医療」を徹底的に追及して叩く風潮があります。冷静に分析的に問題を解説してくれる専門家もいれば、正義を掲げて特定の個人や団体を叩くネット私刑に走る人々もいます。不思議なことに、主流派から外れた人々が発信した情報の誤りや科学的根拠のない実践は徹底的に非難するのに、なぜか主流派の医師による誤った情報や危険な治療、非科学的な実践については批判が向けられないのです。正義を掲げるのであれば明らかに影響力が大きい方に鉾《ほこ》を向けるべきであるにもかかわらず。

そのため、主流派ではない手段については叩かれやすいという傾向があります。叩くことが目的となっている人は、ちょっとしたことで揚げ足を取ります。そしてやたらとエビデンスを持ち出します。そのような人はエビデンスを歪めて使うのが特徴です。

エビデンスというのは「根拠」という意味ですが、「エビデンス＝真実や真理」ではありません。あくまでも現時点で最も確からしいという意味に過ぎません。エビデンスも低いレベルから高いレベルまでピンキリであり、エビデンスが得られたといっても研究者の一見解に過ぎない程度のものもあり、誤っている可能性があるものも含めてエビデンスです。そして、「エビデンスがない＝ウソ、ニセモノ」というわけでもありません。しかし、エビデンスの有無のみが価値基準となり、低いレベルのエビデンスを印籠のように振り回す人もいるのです。

客観的指標のない精神科領域では、いとも簡単にエビデンスは歪められます。安全性、有効性を確かめる厳格な治験においてですら、不正なデータ捏造が行われたこともありました。

エビデンスは重要ですが、エビデンス至上主義に陥ることは、皮肉にも真実から目を背けることにもなるのです。そして、そのようにエビデンスを悪用することもできるのです。

確かに世の中にはインチキ療法はたくさんあります。弱みにつけこむ発達障害ビジネスのようなものもあります。しかし、主流派のインチキを批判することなく、非主流派の手法によって実際に良くなっている人々を確かめることなく頭ごなしに否定するような人々は同じくらい信用できません。

私は、今ここでどの手法が良いとかダメだとかいうつもりはありません。既存の療育や薬物療法の是非を問うつもりもありません。重要なのは、**選択肢が多くあること、選択する自由が守られること、選択するために十分な情報が行き届いていること**です。

私が批判しているのは、精神科診断が絶対視されることで将来の進路が制限されることや、薬物治療以外に選択肢がほとんど与えられないことや、十分なインフォームドコンセントのない投薬がはびこっていることや、しばしば薬物治療が強要すらされていることです。このような状況がある限り、健全な議論も有用な選択肢も広がりません。

## やさしい精神科医が名医とは限らない

よく、悪い精神科医あるいは良い精神科医の見分け方を教えてくださいと質問されます。しかし、何をもって良い悪いと判断するのかという問題があります。非常に真面目で、教科書通りにスタンダードな診療を日々こなすような精神科医は、一般的には良い先生かもしれません。しかし、患者が求める成果から評価した場合に悪い先生になるかもしれません。

まずは良い悪いの議論となる以前、つまり、論外の精神科医はすぐに見分けることが可能です。まず、以下の特徴があげられます。

・順法精神がない
・倫理観が欠けている
・人権意識に乏しい
・インフォームドコンセントをしない
・コミュニケーションが成り立たない

　このように、人の心を扱うための最低限の資質も持ち合わせていないような精神科医とは、即離れましょう。論外です。「人としてヤバい」と感じたら、その直感を信じて全力で逃げるが勝ちです。実際、自身が病んでいる精神科医も少なからず存在します。

　では、それ以外の精神科医をどのように見分けるのでしょうか。その判断のためには、「精神医療が求める治療のゴール」と、「市民が求める治療のゴール」が乖離している事実を認識しなければなりません。

　このことは、我が国の精神医学の歴史を振り返るとより鮮明になります。おとなしくさせて無害な存在にさせるか、さもなければ社会から排除するかが治療の本質でした。その手段として薬物、電気ショック、脳外科手術、縛り付け、隔離収容、強制不妊手術などが使われてきました。この旧態依然の人権を無視した治療の在り方を根本的に見直し、脱却するチャンスがありながら、黒船襲来によってうやむやにされてしまったことは71ページに述べた通りです。

当然、そのような時代から比べるとある程度の制度改正や人権意識の向上がもたらされています。しかし、本質が変わったわけではありません。だからこそ、いつまでも多剤大量処方は正当化され、強制入院や隔離、拘束は軒並み増加し続け、職員による入院患者への集団虐待が発覚した神出病院（兵庫県）の事件のように、２０２０年になった今でも信じ難い人権侵害事件が発生しています。

人間を判断する指標となるのは、その人が主張している口先のことではなく、実際の行動やその結果もたらされた成果でしかありません。**その精神科医にかかっている患者がどうなっているのか**が判断の材料になります。患者が生き生きとした自分を取り戻して卒業しているのか、いつまでもそこに囲い込まれているかです。

危険な精神科医と聞くと、皆様はきっと「大量の薬を出す」「暴力を振るう」「暴言を吐く」「威圧的」「人の話を聞かない」「不正、詐欺を行う」といった、いかにもドラマや映画の悪役に登場するような悪徳精神科医をイメージすることでしょう。確かにそのような精神科医は危険ですし、実在します。しかし、それはある意味非常にわかりやすいとも言えるのです。

怪しげなキノコ、見るからに危なそうなチンピラ、毒々しい毛虫などは、わざわざ自分が危険な存在であることを周囲に教えてくれているのです。近付かないことで危険は回避できます。

本当に危険な人は、ナイフを振り回して威嚇する人ではなく、ナイフを背中に隠したままニコニコ笑顔で近付いてくる人です。真に危険な精神科医は、一見するとやさしそうです。よく話も聞いてくれます。薬もやたらには出さないかもしれません。患者や家族に慕われているかもしれません。しかし、ある一つの特徴があります。それは、**患者の生きる能力と責任を着実に奪っていく**ということです。**生かさず殺さず、自分に依存させていく**のです。

すぐに病名をつけてくれる、すぐに薬を出してくれる、すぐに診断書を出してくれる、すぐに自立支援医療費や傷病手当が出るように手配してくれる、障害者手帳や年金をもらいやすいようにちょっと盛った診断書を出してくれる……などという対応は、一見すると「良い先生」に見えます。しかし、その結果として患者が病名や薬、福祉制度に依存してしまい、自立や回復が妨げられるという状態にはまりこむのであれば、患者は体よく搾取され、生きる能力と責任を奪われているだけになります。

もちろん、これは福祉制度を否定するというわけではありません。自立や回復に向かわせるその過程に利用する分には何ら問題はありません。しかし、囲い込みの手段として福祉制度が悪用された場合、当人に不利益があるのはもちろん、本当に必要な人に支援が行き届かなくなることになります。それは制度の破壊そのものです。

やさしさや人当たりの良さではなく、本当に患者を自立、回復に向かわせているのかどうかを見極めることが重要です。これは精神科医のみならず、心理職の「専門家」にも当てはまることです。患者にとっては、話を聞いてくれた、共感してくれた、やさしかった、という精神科医を「良い先生」だと錯覚するかもしれません。みせかけのやさしさで生きる力を奪い、依存させるような専門家は非常に厄介です。

患者と目を合わさず、適当な会話で適当に大量の薬を出すような精神科医は論外ですが、意外といわゆる「良い先生」よりもマシかもしれません。なぜならばあまりにも素直に本性を現してくれているので、患者が精神医療に疑問を抱くチャンスを与えてくれているからです。実際、最初にデタラメな対応を受けたおかげで薬も飲むこともなく、危険だと理解して離れ、自然回復して今では普通に幸せに暮らしている人もかなりいるのです。「良い先生」には要注意です。

## 発達障害だと診断された人に向けて

これまで何度も説明してきたとおり、発達障害の診断に「絶対」はありません。関係者が勝手に書き換え不能な刻印であるかのように取り扱っているだけであり、本当の姿は裏付けのない仮縫いのラベルに過ぎません。診断にしがみつくのも、うまく利用するのも、捨て去るのもその人の自由です。

この書籍を手にしている人の中には、ご自身やご家族が発達障害と診断された方も多いでしょう。私がその方々に対して言えることは、自分自身が人生の主体であってほしいということだけです。診断や薬、主治医のことを、人生を救ってくれた大切なものとして信じる人もいるでしょう。私はそれに対して良いとも悪いとも言いませんが、自分自身の人生の主体をこれらに譲り渡し、舵取りを他人に預けるようなことだけは止めてほしいと願います。

発達障害診断が絶対視されることの一番の弊害は、将来の可能性を閉ざしてしまうことにあります。診断は手段であって目的ではありません。その人を改善するために診断があるはずです。改善に結び付かない診断は有害でしかありません。ただし、精神科領域では必ずしもその個人の利益のために診断が下されたのではないという歴史的事実があります。その個人を差別して排除することを正当化するために診断が下された時代があり、それは決してなくなったわけではありません。今でも至るところにその名残があります。

そのため、診断は何のためなのか、誰のためなのかを改めて考える必要があります。もしも支援や改善に結び付かず、むしろ差別や排除につながったり、本人の生きる力や希望を奪っているのであれば、それは価値のない診断です。それにしがみつく理由はありません。

単なる一例であるため、万人にとって参考になることではありませんが、診断と薬にしがみついていたどん底の状態から完全に回復するに至った事例を一つ紹介しておきます。その女性は、まさにうつ病キャンペーンをきっかけに精神科の門を叩き、精神医療のあらゆる負の部分に巻き込まれながらも、そこから生還を果たした経験の持ち主です。

彼女は「うつはこころの風邪」というキャッチフレーズに後押しされ、精神科の門を叩きました。とりあえず薬を出すという、最初にかかったクリニックの対応に疑問を持って別のクリニックや病院を渡り歩いても、結局同じような対応しかされませんでした。出された薬を飲み続けることで、それまでになかった幻聴や手の震え、自傷行為が始まるようになり、突発的に自殺未遂をして精神科病院に入院しました。

退院後、かかったクリニックで「ＡＤＨＤの診断基準を満たしていますね」「あなたの性質は、生まれつきの脳の障害であり、治りません。うまく付き合っていくしかないのです」と言われ、リタリン（メチルフェニデート）を処方されました。例に漏れず、その告知を聞いてほっとして、重い荷物がとれたような気がしたそうです。

そのクリニックでは、リタリンのことを集中力を改善するのに役に立つ薬と説明される一方、覚せい剤と同じ物質であることや、依存の危険もあり、すぐに効かなくなり量が増えたりする可能性があることも説明されたそうです。それでも彼女は自分でリタリンやＡＤＨＤ

について満足いくまで調べ、服用することを決めました。さまざまな症状が出てどうにもならなくなっていた彼女は、自分の問題が解決するのなら、危険な薬でも試したいと思ったそうです。初めてリタリンを飲んだときの彼女の手記は以下のとおりです。

リタリンを四分の一に割って、ひと欠片飲んで、驚いた。視界がクリアになり、思考が明確になった。片付けが捗った。普通の人の見る世界って、こんな感じなのかと思った。ただ、その効果は3時間だけだった。3時間経過すると、カーテンがかかるように、思考が鈍くなった。それは、薬を飲む前よりも、鈍くなったような気がした。

その後の彼女は、まさに薬に振り回される人生を歩んでいました。リタリンを飲むことで仕事がはかどるようになる一方、薬が切れたときの反動に苦しめられ、「覚せい剤」と同等の薬を飲んで身体に負荷をかけながら生きていかなければいけない社会とは何なのか。この薬を飲んでいないと許されない自分とは何なのか、と思うようになりました。心身の不調はますます悪化し、向精神薬の種類も増え、再び精神科病院に入院するなどしました。

そして例のリタリン問題が起き、主治医はリタリンの処方ができなくなったことを彼女に告げました。彼女は、一部の不届き者と、当会（市民の人権擁護の会）のような活動家のせいで、リタリンが取り上げられたのだと思い、「リタリンだけではなく、精神薬は身体に悪い……？　何も分かってない！　薬が必要な人はどうするんだ！」と激怒しました。

その後、さまざまな向精神薬を試したものの良くなることもなく、心身の状態はいよいよ限界になるまで追い詰められました。精神科の門を叩いて約10年となり、以下のような症状が現れていました。

――幻覚、幻聴、気力がわかない、動けない、パニック発作、心臓が苦しくなる、ときどき呼吸困難になる、勝手に筋肉が動く、笑えない・口角があがらない、手が震えてペンが持てない、顔の筋肉が震える、視力0・01以下、色がよく分からない、味覚がほぼ痛覚のみ、脂肪肝、運動しても太る、食べなくても太る、空腹がない、満腹もない、胃痛、胃が重い、少し食べるだけで疲れる、腸が動かない、時々激痛（病院で検査しても異常なし）、動けないほどの生理痛、生理前からだいたい激痛、生理前にイライラや頭痛、子宮筋腫8個、子宮内膜症、不眠、中途覚醒、朝起きることができない、食後に落ちるように眠くなる、常に眠くて頭がぼんやりしている、首のアトピー、金属アレルギー、目まい、頭痛、35度台の低体温、時々転倒する、まっすぐ歩けない。

ついに彼女は決心し、遺書のような手紙を書いて自殺を試みました。それでも死ぬことはできませんでした。

しかし、その出来事が彼女の視点を変えました。今まで自分が正しいと思ってしがみついていたものを捨て去る決意を固めました。食生活を変え、体質改善を試み、減断薬を行っていきました（※自己流の減断薬は危険ですので、必ず医師に相談し、そのアドバイスの下で行うようにしてください）。

数年かけて実行していった結果、前述した症状がすべてなくなりました。現在は普通に仕事をし、生活しています。それどころか、「生まれつき」と思い込んでいたことまでも改善していきました。彼女には幼いころから「集中力が維持できない」「コミュニケーションがうまくいかない」という問題が確かに存在していました。それすらも改善したのです。

彼女は、専門家の「いいですか？　あなたの性質は、障害です。ですから、治るとか、そんなものではありません。一生、付き合って生きていくしかないんです」という言葉を信じ、その呪縛に長年かかっていました。

しかし、自分の状態が実際に改善する様子を実感するにつれ、脳の機能障害とは別の原因があり、その原因を一つ一つ特定し、改善のために行動していけば、改善していくこともあるのではないかと思うようになりました。

これはあくまで個人の体験談であり、万人に彼女と同じようにするよう勧めるものではありません。しかし、彼女が専門家の呪縛から逃れ、自分で自分の人生を切り開いたという点は特筆すべきです。

もしかしたら専門家の診断は正しいかもしれません。あるいは正しくないかもしれません。ただ、一つだけ確実に言えることは、本当は改善可能な状態に対して、「一生治らない」といった自己暗示を植え付けられることで可能性を奪われている人々は無数に存在するだろうということです。

## 発達障害の呪縛から逃れるために

ここまで私が伝えてきたことは、読者の皆様にとってショックだったかもしれません。専門家とされている人が平気でウソをついたり、不正確な情報を発信したりするのであれば、一体何を信じたら良いのでしょうか、と思われたかもしれません。

結論は「信じなくてよい」です。信じるのではなくただ確かめたらよいのです。信じるというのは、自分で確かめるというステップを飛ばして、その対象がカバーする領域をすべて正しいものだとみなすことだと言えるでしょう。

もちろん、ある程度信頼できる実績があるものについては全面的でなくても信じることが必要になるでしょう。そうでないと飛行機も電車もパソコンもエアコンも利用できなくなります。しかし、発達障害領域は信頼に足るほどの根拠も実績もない段階です。ましてや、初めて会い、診察室という限られた空間と条件でわずか数十分しか会話していないのに、他人に一生を左右するような診断を下す人に対し、全面的に信じるというのは不自然です。

この場合の「信じる」とは、わからないのでお任せするという、いわば責任の丸投げと同じことです。責任を預けた時点で、発達障害の呪縛にとらわれることになるのです。そして、専門家よりもある意味厄介なのは、他人を発達障害と決めつけたり、一方的な正しさを押し付けたりする人々です。言われるがままにそれらを受け入れてしまうこともまた呪縛にとらわれることになります。

相手が専門家であれ、善意の押し売り人であれ、対処するときの鉄則は同じです。基本姿勢は以下の３点です。

・わからないことは必ず確認する
・納得できないことはその場で受け入れず、いったん持ち帰る
・譲れないことは決して譲らない

別に相手を論破する必要はありません。また、情報不足で判断できないのであれば、その場で無理に反論したり決めたりする必要もありません。ただ、相手が高圧的な態度を取って

きて、こちらの意思などおかまいなく何かを強要してくるかもしれません。その場合は、3点の基本姿勢は崩さないまま、以下のような対処が有効です。

### ①自身の権利を知る

患者という立場であれば、患者の権利を知って使うことが重要です。患者の権利を明文化した法律である医療基本法が成立すればもっと具体的になりますが、103ページで紹介した「良質かつ適切な精神障害者に対する医療の提供を確保するための指針」でもインフォームドコンセントの理念が基本となることが示されています。これは、**患者には知る権利と自己決定権がある**ことを示しているのです。必然的に**医師には説明する義務**が発生します。

いまだにこの原則を理解していない医師が日本には山ほど存在します。特に精神科はその傾向が強く、説明をしないどころか説明を求められるとキレるような精神科医がいます。その結果として、ベンゾジアゼピン系の向精神薬を止めることができずに苦しんでいる患者が大勢います。最初から本当の危険性を知らされていたら間違いなく服用をしなかったはずの薬によって被害に遭っている人は至るところに存在しますが、被害者が公的に救済されたり、加害者によって償われたりするようなことはありません。

また、発達障害という診断を下された人に対し、無知による善意であろうと悪意であろうと、「こうすべきだ」と強要してくる人がいます。しかし、発達障害者支援法ではこのように示されています。

第三条第4項　発達障害者の支援等の施策が講じられるに当たっては、発達障害者及び発達障害児の保護者（親権を行う者、未成年後見人その他の者で、児童を現に監護するものをいう。以下同じ。）の意思ができる限り尊重されなければならないものとする。

このように、まずは自分たちに知る権利や自己決定権があるということを知っておくことは非常に大切です。それを侵害してくるような人に対しては、それが権利侵害で義務違反であることを突き付けることができます。それによってひとまず身を守ることができます。

## ②根拠を示させる

人々には基本的人権がありますが、状況によってそれが制限されることもあります。ただし、それには必ず**法的根拠**が必要となってきます。本人の意思に反して何かを強要させようとする人に対しては、その根拠を示させることで対処できます。なぜならばほとんどの場合、そのような根拠すらないからです。「そういうことになってます」という口頭の説明を受け入れてはいけません。その場合は「勉強不足で申し訳ありません。それは具体的にどの法令でどのように説明されているのでしょうか。勉強しますので教えてください」などと伝えて必ず根拠を示させるようにしましょう。

同様に、正当な手続きを踏んでいるにもかかわらず、「できないことになってます」「そういう決まりです」などと拒否するような人（特に役所や学校）に対しても、その根拠を示させることで対処できます。

また、診断や治療について納得いかないのであれば、**医学的根拠を示させる**ことも必要でしょう。その説明だけでもその医師の専門家としての力量がわかります。相手が素人だからと思って適当なことをしているような医師は、まともな説明をすることもできず、逆ギレでごまかすのが関の山です。誠実で有能な医師ほど、実際には根拠に乏しい事実を認め、診断や薬の負の側面についても説明した上で患者の自己決定権を尊重します。一方、無能な医師ほど断定的で独善的であり、根拠を示すこともできないまま患者を従わせようとします。

医師でもない人が勝手に発達障害扱いしてくるのであれば、何をもってそう判断したのか根拠を説明させると良いでしょう。たいていの場合、聞きかじったチェックリスト以上の根拠を示せないことでしょう。

### ③相手の土俵で戦わない

もしも戦う必要が出てきたとしても、決して相手の土俵で戦ってはいけません。無防備に攻め込めばあえなく迎撃されてしまうでしょう。何の知識も後ろ盾もなく敵陣に踏み込んでも状況は悪化するだけです。

②であえて先に根拠を説明させるというのは、自分の土俵で戦わせるための布石です。こちらが先制攻撃をしかけたら、相手の土俵に引きずり込まれてうまく対処されてしまいます。相手に説明義務があることを利用し、まずは説明させ、こちらの土俵に引きずり込んでからカウンターを浴びせるというのが戦いの鉄則になります。

なぜこのような戦法になるのかというと、根拠がないことが精神医療の強みでもあり弱みでもあるからです。絶対的、客観的に正しい診断基準も診断手法も存在しない精神医療の世界では、強引な解釈によって何でもアリとなります。

たとえば、誤診かどうかを争点にしてしまうと、そういう解釈もあり得るという逃げ道を簡単に作られてしまいます。一方、精神医療上の正しさではなく、法律上あるいは人権上の正しさを争点にしてしまえば、無敵に思えた彼らもそこの領域では好き勝手できなくなります。

以上のような対処法によって、自分だけはそのような呪縛から逃れることはできるかもしれません。しかしそれだけでは安全ではありません。他の人々に理解をもたらさない限り、結局はその呪縛に再びとらわれる結果になります。第一の罠、第二の罠が張り巡らされたこの領域で、本当の意味で「正しい知識」「正しい理解」を求めるのは困難ですが、それでも地道にやり続けるしかありません。この本をお読みになった方々が、本書やそこから得られた知識を使い、他の人々に新たな視点、新たな理解をもたらす結果となれば本望です。

## 異分子を排除する「村社会の安定化装置」

発達障害が絡む問題はもはや医療の問題ではなく**人権の問題**です。人権への理解こそが解決に向けた重要な要素になり得るのですが、残念なことに日本で「人権」という言葉を使うと、本来の意味とは違った偏ったイメージを連想させてしまうようです。人権＝同和、人権＝左翼、人権＝反権力、人権＝在日外国人……といった特定団体や特定の主題に偏ったイメージを抱いている人もいます。自らの権益を守り、拡大するために人権を悪用するいわゆる「人権屋」のようなイメージを持っている人もいます。

とにかく、人権というものは、他人の都合などおかまいなく、社会正義を盾に自分のわがままを無理やり通す方便であると誤解されているフシがあります。しかし、人権について基準を示している国連世界人権宣言にせよ、日本国憲法にせよ、権利と自由の濫用をいましめ、他人の権利と自由を守る責任について言及しています。よく考えたら当たり前の話なのですが、自分の権利と自由を守りたいのであれば、他人の権利と自由も守らなくてはなりません。他人の権利を踏みにじって自分の権利だけは保障されるという都合の良い考えがまかり通ると、人権そのものが失われる結果になるのです。

私が日本支部代表世話役を務めている「市民の人権擁護の会」という団体は、1969年にサイエントロジー教会と故トーマス・サズ博士（ニューヨーク州立大学精神医学名誉教授）によって設立され、国際本部は米国ロサンゼルスにあります。日本支部は1992年に設立されました。日本の名称だと、精神障害者の人権を擁護する団体に思われるかもしれませんが、実際は精神医療監視団体です。

しばしば暴走し、患者のみならず市民全般の人権も脅かしてきたのが精神医療です。したがって、精神医療の犯罪や人権侵害について調査し、摘発することで、市民やその人権を精神医療の暴走から守るというのがその活動の柱になります。Citizens Commission on Human Rights（略称CCHR）が英名であり、「人権に関する市民の委員会」という意味です。

しかし、なぜ「人権」なのでしょうか。設立当時、精神科の患者は施設に収容され、あらゆる公民権、人権が剥奪されていました。現在でも、最も人権がないがしろにされている分野こそが精神医療であるという事実は変わりません。精神医学は今や法律や憲法を超える存在となり、精神医療現場では犯罪的行為や人権侵害が正当化されているからです。精神医学を法の下に戻すことでメンタルヘルスの分野を正常化することが、会の目的となります。

さて、人権という観点から精神医療と発達障害という問題を考えてみましょう。近代日本は、見せかけの平等の下、中流であることや同質であることが是とされ、社会の枠組みを壊す異質な存在を排除する村社会として長らく機能してきました。その一見して平和で平穏な社会の維持を裏で支えてきたのが精神医療のシステムです。

「見せかけの平等」というのは、社会から排除された人々の犠牲の上に成り立った平等という意味です。精神科病院や障害者入所施設が都市部から離れた近郊に多数作られた事実がそれを象徴しています。秩序を乱す存在とみなされた人々は、精神医療システムによって社会から合法的に排除されました。

良くも悪くもグローバル社会となった今、旧態依然の村社会モデルは成り立たなくなってきました。「多様性」「共生」「インクルージョン」などの言葉に象徴されるように、国籍や性別、年齢、障害の有無などにかかわらず、それぞれの個を尊重して認め合うという価値観が国際的に広がりつつあります。

とはいえ、長年日本社会に浸透していった価値観を一気に変えるのは困難です。今はまさにその過渡期であり、村社会であり続けたい価値観と、多様性と共生を求める価値観が混在していますが、ほとんど前者のままであるのが現実です。

それは、発達障害という主題の取り扱いを見ても明らかです。見かけ上は、発達障害への理解を通して多様性と共生へと向かっているように見えますが、現実はその逆なのです。村社会を守るために、秩序を乱す存在を発達障害とみなして**ソフトに排除**しているからです。そして、社会のレールから外れることで生きることに困難を抱えた人々が、自ら発達障害というラベルを後付けで求める現象が起きているのです。そうすることで、**完全排除から逃れてソフトな排除枠の中で生きていける**からです。

発達障害という精神医療の枠組みで作られた概念を基に、精神医療の支配下に支援体制が構築されたのが、現在の発達障害者支援です。しかし、精神医療の歴史は差別と虐待の歴史です。その歴史と決別し切れていない精神医療に発達障害者支援を任せることは、支援制度が目指すべきゴールと真逆に進めることを意味しています。

支援制度が目指すゴールとは、まさに多様性を認めて共生する世界です。そこでは、発達障害者とみなされた人々も差別を受けることなく、平等の機会が与えられ、社会に参加できるような世界です。そこには当然ながら「人権」に対する共通理解が必須となります。

実は、**人権への理解**こそがメンタルヘルス改善の鍵です。メンタルヘルスとは、簡潔に説明すると精神面での健康のことを指します。メンタルヘルスケア＝精神医療ではありませんが、メンタルヘルスの分野が精神医療によって独占されている状態です。特に日本ではメンタルヘルス対策＝精神医療に頼ることと解釈されがちです。

しかし、健全な人間関係、健全な生活、問題を乗り越えて得られる達成感などが精神的健康をもたらすのは明らかであり、何でも精神医療（特に生物学的精神医学に基づく実践）に任せるという発想自体がおかしなことになります。

## 真のメンタルヘルスケアとは

世界的に見ると、精神障害者を社会から隔離して施設収容し、行動制限や薬物を使って強制的に治療を施すというメンタルヘルスケアモデル（医学モデル）はことごとく失敗しました。一時的に問題が収まったように見えて、回復にはつながらなかったからです。一方、自己決定権や責任、自由、地域社会との交流を奪うやり方が間違っていたと気付いた人々が始めた実践は成果を上げました。そして、そのような**社会生活を中心としたメンタルヘルスケアモデル**はさらに発展し、今やメンタルヘルスケアは人権に基づくことが世界的なスタンダードとなっています。

２０１８年９月10～28日に開催された第39回国連人権理事会において、メンタルヘルスと人権についてまとめた国連人権高等弁務官の年次報告が取り上げられました。その要約には「国際連合人権委員会決議36／13に従い、人権とメンタルヘルスに関する協議が２０１８年5月14、15日にジュネーブで開催された。参加者は人権問題としてメンタルヘルスについて議論し、差別やスティグマ、暴力、強制、虐待と戦うためのシステム全体規模の戦略と人権に基づいたサービスによって状況は改善し得ると同意した。この報告書はその議論の要約と協議の結論と勧告が含まれている」（仮訳）と記されています。本文から象徴的な内容を抜粋します。

「締約国は、全てのメンタルヘルスケアとサービスを含む、あらゆるヘルスケアとサービスが自由とインフォームドコンセントに基づくことを確かにすると共に、実際の機能障害や機能障害と考えられているものを修正、強制することを目的とした強制入院や強制施設入所、身体拘束、精神外科手術、強制投薬、その他強制的な手段等の強制的な介入（第三者による同意や承認によるものも含む）を許可するような法規定や方針が撤廃されることを確かにするべきである。締約国は、これらの実践が拷問あるいは残酷、非人道的、品位を傷つける治療や罰であり、メンタルヘルスサービスの利用者やメンタルヘルスの問題を抱える人々、心理社会的な障害を抱える人々に対する差別に等しいと認識し、見直すべきである」

これはまさに強制治療全否定というレベルです。これに従うとなると、強制入院や身体拘束、隔離を認めている日本の精神保健福祉法も撤廃しなければならないということになります。日本はいまだに旧態依然の医学モデルがメンタルヘルスケアの中心であり、世界のスタンダードにははるか遠くおよびません。

さて、共生社会の実現も、真のメンタルヘルスケアの実現も、「人権」こそが鍵であることをご理解いただけたと思います。私が疑問に思っているのは、発達障害者支援を含むメンタルヘルスケアの問題について、人権が鍵を握る主題でありながら、最も人権をないがしろにしてきた人々にそれを任せていることです。人権を奪うことが回復を妨げていたことに気付いて抜本的な改革をし、効果のあるメンタルヘルスケアモデルを自分たちで確立した、という過程を日本の精神医療は一切踏んでいないのです。

共生社会とは、障害の有無に関係なく平等の機会が与えられる社会です。障害と診断されなくても困難を抱える人はいます。診断がないと支援を受けることができないということ自体がおかしなことです。ですから、必ずしも精神医学的診断を必要としない支援の在り方を構築していくべきでしょう。

私の主張をシンプルにまとめると、**精神科医や精神医学、精神医療に対する妄信を止め、**

**それらに誤って与えてしまった分不相応の権限を取り戻し、精神科診断を絶対視する前提で成り立っている既存の諸制度を見直し、現実的に再構築しましょう**ということになります。これは、発達障害者支援に限定せず、あらゆるメンタルヘルスケアについて言えることです。

市民一人ひとりが考えを改める時期に来ています。メンタルヘルスを専門家にお任せする時代は終わりました。メンタルヘルスは自分自身で守るしかありません。バブルである以上、発達障害バブルはいずれ崩壊し、異常なブームも過ぎ去るでしょう。その先に残るのは、業界に散々食い荒らされて崩壊した世界なのか、それともこれを機にメンタルヘルスの在り方が見直された健全な世界なのかどちらかになるでしょう。どちらになるのかは今後の我々次第です。

# おわりに

良い意味でも悪い意味でも、既存のルールや価値観では縛られない人々が存在します。集団としての生存を考慮すると、彼らのような異端分子を排除したり、矯正させたりするという手法は一見して理にかなっているように思えるかもしれません。同じような人間を量産する社会は、そのようなタイプの人間が求められている条件下においては強みとなり、生存能力も高くなるでしょう。しかし、変化し続ける世界においては、それは大きなリスクにもなります。

世界は常に変化し続けています。我々は生活様式も価値観も一気に変動する時代に生きています。この原稿を書いている現在、世界は新型コロナウイルス騒動に振り回されています。危機に対応するために、世界レベルで生活様式の急変を余儀なくされています。環境の変動によって、突如今までのやり方や価値観が一切通用しなくなるというのが現実の世界です。

均質化というのは良い側面もありますが、強制や排除によって作られた均質化社会は、レールから外れた人々にはとことん厳しい世界になります。かと言ってレールに沿っておけば安全安心というわけでもありません。大きな変動によって全体が一気に崩壊する脆弱性があるからです。２０２０年に突如襲い掛かってきたこのウイルス騒動は、見せかけの安定も平和もすべて吹き飛ばしてしまいました。

特定の時代や地域では受け入れられなかった人々が、社会の変化によって突如輝くということはよくあることです。発達障害＝天才という安易なイメージも危ういものがありますが、発達障害とみなされている人々の中には、せっかくの才能や特性を周囲に殺されてしまったケースが間違いなく存在しています。

これからますます変動が大きくなるであろう社会において、そのような人々は排除すべき対象ではなく人類の希望なのかもしれません。社会の存続、ひいては人類の生存にとって多様性は必要不可欠です。

私は、日本には日本独自の素晴らしい文化や精神が根付いていると思いますし、他国の文化と触れることで初めて気付くそのありがたみを実感しています。確かに閉鎖的な村社会や差別・いじめ社会という負の側面があり、私もそれを本文中で批判しましたが、決してそれが日本社会のすべてではありません。地域や分野によってそれが色濃くなることもありますが、それ自体が本質というわけではありません。

日本に輸入された近代精神医学とは、人間の感情や思考まで物質とみなす、いわば唯物論の究極系ともいえる思想です。それは、物質を超えた精神性に重きを置いてきた日本文化にとっては、突如入り込んできた異物のようなものです。しかし、いまやそれは社会の隅々まで浸透し、我々の知らない間に大きな影響を与えています。

コロナ禍は、人間の良い部分も悪い部分も浮き彫りにしています。この現代日本でも、魔女狩りと変わらない迫害や差別、正義を振りかざした私刑が起きています。しかし、世の中は良い情報よりも悪い情報の方が圧倒的に広がりやすく、それに拍車をかけているのがマスコミやネットであることも考慮しなくてはなりません。単に伝えられていないだけで、良い出来事もあちこちで起きています。

私にとって人生の分岐点になったのは阪神・淡路大震災の経験でした。苦境だからこそ普段は目にすることができなかった人間の本質に触れることができました。受験勉強の弊害なのかもしれませんが、国語の試験問題に好まれるような文章は、現代社会をやたらと批判的、自虐的に捉えるようなものが多く、人間（特に最近の若者）とは身勝手でどうしようもないというイメージが自然と私の中に刷り込まれていました。しかし、苦境に立たされ、それを助け合って乗り越えていく現実の人々の姿は、そのイメージとまったく違いました。

おそらく、この書籍が出版される頃には、社会はさらに大きく変化していることでしょう。たとえ新型コロナウイルス騒動が落ち着いてきたとしても、「ポスト・コロナ」と呼ばれる新たな時代に突入することでしょう。これから先、世界がどうなっていくのか予測もできませんが、希望はあります。確かに世の中には悪意というものがあり、意図的に混乱を引き起こし、他人の人生を踏みにじっている人々が存在するというのは事実です。しかし、それをはるかに上回る、人々の善意や生存に向けた強い意図が存在することを私は知っています。

ポスト・コロナの世界は、既存の価値観が通用しない世界になっているでしょう。そのような世界で、こうすべきだ、このように生きるべきだ、と自分の考えややり方を他の人に押し付けられるほど私は偉くはありません。しかし、本書は一つの物の見方を皆様に提供できるものであると自負しています。

これから必然的に迎えることになる経済不安の中、メンタルヘルスは一つの大きな課題となるでしょう。既に「コロナうつ」などの言葉が流行り、行政もマスコミも短絡的かつ無責任に、早期に精神科受診することを推奨し始めています。しかし、何らかの診断をされても、薬を飲んでも、不安を生み出している根本的な問題が解決するわけではありません。むしろ、問題を感じなくさせるような安易で刹那的な治療が、かえってメンタルヘルスを悪化させ、取り返しのつかない悲劇を引き起こす危険性があります。

発達障害に限定せず、メンタルヘルス問題を考える上で、本書が何らかのお役に立てることを願っています。最後までお読みいただいた読者の皆様に深く感謝申し上げます。

2020年5月28日　**米田倫康**

**雑誌記事など：**


障害児を普通学校へ全国連絡会「障害児を普通学校へ」
No.235 2005年3月7日発行

加藤 敏・十一元三・山崎晃資・石川 元
「座談会　いわゆる軽度発達障害を精神医学の立場から再検討する」
『現代のエスプリ』476号、2007年、p.5-39

山口成良「金沢総会後40年をふり返って──将来への展望」
『精神神経学雑誌』111巻8号、2009年、p.984-988

大類真嗣他「精神科医療機関における自殺の経験および
自殺予防に役立っていると考えられる取り組み」
『精神神経学雑誌』114巻12号、2012年、p.1420-1427

大野裕「DSM-5をめぐって──Dr. Allen Francesに聞く」
『精神医学』54巻8号、2012年、p.819-827

本田秀夫他
「発達障害児とその家族に対する地域特性に応じた
継続的な支援の実施と評価」　2016年3月

大野裕ほか「【精神科臨床から何を学び，何を継承し，
精神医学を改革・改良できたか (I)】
認知行動療法の立場から現代の精神医療を考える 」
『精神医学』60巻11号、2018年、p.1271-1279

井上清子「成人期ADHD日常生活チェックリスト（QAD）の
信頼性と妥当性についての一考察」
『生活科学研究』第41集、2019年、p.1-8


※その他、WEBや新聞記事、各省庁・自治体のデータなどを参照。

## 参考文献

**書籍**：

植松七九郎『精神医学』
（文光堂書店、1948年）

協会20年記念誌編集委員会『社団法人日本精神病院協会20年史』
（社団法人日本精神病院協会発行、1971年）

アレン・フランセス著、大野裕監修、青木創訳
『〈正常〉を救え　精神医学を混乱させるDSM-5への警告』
（講談社、2013年）

宮岡等、内山登紀夫『大人の発達障害ってそういうことだったのか』
（医学書院、2013年）

American Psychiatric Association（監訳：高橋三郎／大野裕）
『DSM-5 精神疾患の診断・統計マニュアル』
（医学書院、2014年）

星野仁彦、さかもと未明
『まさか発達障害だったなんて　「困った人」と呼ばれつづけて』
（PHP新書、2014年）

さかもと未明（星野仁彦監修）『奥さまは発達障害』
（講談社、2016年）

村井俊哉・村松太郎責任編集『精神医学におけるスペクトラムの思想』
（学樹書院、2016年）

伏見美穂『心の病と発達障害～精神薬10年からの断薬を語る』
（microbooks Kindle版、2017年）

宮岡等、内山登紀夫
『大人の発達障害ってそういうことだったのか　その後』
（医学書院、2018年）

米田倫康『発達障害バブルの真相』
（萬書房、2018年）

田中康雄
『「発達障害」だけで子どもを見ないで　その子の「不可解」を理解する』
（SB新書、2019年）

米田倫康
『もう一回やり直したい　精神科医に心身を支配され自死した女性の叫び』
（萬書房、2019年）

米田倫康（よねだのりやす）
1978年生まれ。東京大学工学部卒。市民の人権擁護の会日本支部代表世話役。在学中より、精神医療現場で起きている人権侵害の問題に取り組み、メンタルヘルスの改善を目指す同会の活動に参加する。被害者や内部告発者らの声を拾い上げ、報道機関や行政機関、議員、警察、麻薬取締官等と共に、数多くの精神医療機関の不正の摘発に関わる。著書に『発達障害バブルの真相』『もう一回やり直したい 精神科医に心身を支配され自死した女性の叫び』（以上萬書房）。

扶桑社新書 338

発達障害のウソ
専門家、製薬会社、マスコミの罪を問う

発行日 2020年7月1日　初版第1刷発行

著　　者………米田 倫康
発 行 者………久保田 榮一
発 行 所………株式会社 育鵬社
〒105-0023 東京都港区芝浦1-1-1 浜松町ビルディング
電話03-6368-8899（編集） http://www.ikuhosha.co.jp/
株式会社 扶桑社
〒105-8070 東京都港区芝浦1-1-1 浜松町ビルディング
電話 03-6368-8891（郵便室）
発　　売………株式会社 扶桑社
〒105-8070 東京都港区芝浦1-1-1 浜松町ビルディング
（電話番号は同上）
編　　集………山下 徹
編集協力………株式会社 清談社（構成／福田晃広）
DTP制作………有限会社 ステンスキ
印刷・製本………中央精版印刷株式会社


Printed in Japan　ISBN 978-4-594-08545-2

本書のご感想を育鵬社宛てにお手紙、Eメールでお寄せ下さい。
Eメールアドレス　info@ikuhosha.co.jp